*"El Imperio UNIVERSAL es el ámbito natural del escritor.
Su campo de interés es la humanidad entera,
y aunque a ella no le pueda exigir obediencia, si le puede
asignar su deber."*

Thomas Paine
THE AMERICAN CRISIS
1777

I0454982

¡RESCATEMOS!
Nuestro Sistema Político-Económico Global
Y Construyamos
Un Mundo Justo, Sano y Feliz

Dedicado a:

- Mis hermanos y hermanas del planeta, para que en algún momento cercano podamos encontrar la Sabiduría y la Valentía para establecer una mejor manera de compartir el milagroso regalo de la Vida aquí en la Tierra

- La memoria de Thomas Paine, hombre universal y Gran Patriota Americano, campeón de la libertad, azote de tiranos y luchador por la justicia

- Mis padres Phil y Beatriz, y el gozo de su memoria

- Mis hijas, Marcela, Alexis y Caroline

- Su madre, Cela

- Amigos y familiares alrededor del mundo quienes me han ayudado a gozar de una vida plena y sabrosa

Mi más profundo agradecimiento a todos

Agradecimientos muy especiales para:

Jim Fay
Jean Pierre Schwartz
Luis Zamora
Mario Cáceres
Federico Aguilar
Carlos Rodríguez
Irma Adelman
John McMurtry
Mike McNertney
Emma Schonenberg
Humberto Antonio Henríquez

¡No podría haberlo hecho sin su ayuda! Muchas, muchas gracias.

Tabla de Contenidos

Capítulo/Sección: Página

Porqué Deberías Leer Este Libro?   1

I. INTRODUCCIÓN: ¿A QUÉ SISTEMA ME REFIERO?   5

    ¿porqué es insostenible e injusto?   5

    ¿puede el sistema "arreglarse" o es muy tarde ya?   6

II. ¿QUÉ ES EL SISTEMA Y CÓMO FUNCIONA?   11

    nuestro sistema estaba defectuoso desde el principio   12

    defectos del sistema   13

    mitos sobre el mercado, la libertad y el capitalismo   15

    la generación y regeneración de la pobreza   26

    la destrucción de nuestro medio ambiente   48

    alienación, criminalidad y violencia   52

III. ¿QUÉ PASÓ? ¿CÓMO PASÓ?   63

    el secuestro de nuestro gobierno   64

    algunos errores de diseño   68

    la creación de un mercado político de masas   70

    la regla de oro: "quién tiene el oro hace las reglas"   71

    fuera del alcance de la ley   73

IV. ¿QUÉ SE PUEDE HACER?   75

    paso 1. aterrizar nuestras creencias   78

    paso 2. unirnos   87

    paso 3. poner nuestras creencias en acción   88

esfuerzo sostenido por solo 10 años 110

V. COMO RESPONDER A NUESTRAS CRISIS INMEDIATAS 147

¿que hacer con al quaeda? 147

¿que hacer con la inmigración ilegal? 150

¿que hacer con respecto a china? 154

EPÍLOGO REFLEXIONES SOBRE EL SIGNIFICADO DE LA
LIBERTAD 159

Phillip W. Rourk -- Datos Biográficos 163

Ensayos Políticos y Correspondencia 167

¿POR QUÉ DEBERÍAS LEER ESTE LIBRO?

Como descubrirás en la introducción y confirmarás a lo largo de la lectura de este libro, soy un economista que por sus antecedentes personales nació Trotamundos con "T" mayúscula. Como tal, he tenido el privilegio de una crianza y educación multicultural que me permite minimizar los prejuicios y sesgos con los que todos cargamos, y así ser capaz de presentarte uno de los más intelectualmente desapegados y objetivos análisis de lo que está pasando política y económicamente en el mundo actual

Soy americano y fui educado en una familia comprometida, por el trabajo de mi padre en el servicio diplomático, a representar al país más poderoso y rico sobre la tierra en muchas partes del mundo. No obstante mi madre y yo nacimos en Nicaragua, una de las naciones más pobres, quizás débiles y sin embargo una de las más orgullosas, alegres y poéticas sobre la tierra. Para cuando tenía diez años de edad había vivido en cuatro países diferentes, viajado al menos a otros cuatro y hablaba bien cinco idiomas incluyendo el árabe, el francés y el holandés.

El resto de mi vida ha seguido más o menos el mismo rumbo. Como consultor en economía he trabajado en 33 países alrededor del mundo, ricos y pobres, débiles y poderosos, en Norte, Centro y Sudamérica, Europa, África, el Sur, el Este y el Sureste Asiático. He conocido presidentes y vice presidentes, a ninguno muy íntimamente claro está, y he servido como asesor directo a ministros de economía y finanzas en numerosas oportunidades y lugares. He trabajado con y para grandes corporaciones y sus asociaciones gremiales, como también con y para microempresas bregadoras y grupos comunitarios de autoayuda.

En mi recorrer del mundo desde mi niñez y en todas las funciones desde las que me ha tocado servir de adulto he visto mucho, y he pensado mucho, sobre todo lo que he visto. En el proceso, he tenido que abandonar muchas de mis previamente más preciadas creencias, y enfrentar el hecho de que mucho de lo que nos enseñan a creer sobre nosotros mismos en el mundo actual, como ciudadanos de las llamadas naciones "avanzadas", como ilustrados profesionales, líderes de negocios, consumidores, o como simples mortales, es sencillamente falso. Lo que sucede en el mundo y nuestro rol en lo que sucede es mucho más intrincado y complejo de lo que alguna vez nos hayan dicho en la televisión.

Hay muchos males y mucha destrucción ocurriendo a nuestro alrededor, lo cual intentamos que no penetre muy profundamente en nuestra psiquis, a pesar de, o tal vez por, el diluvio de la mal llamada información que recibimos.

Lo que casi nunca nos dicen y nunca queremos oír, es que de varias maneras nosotros mismos somos responsables de gran parte de los males que se generan a diario.

En primer lugar casi todos nosotros podríamos hacer mucho más con respecto a lo que sucede para, de alguna manera, mejorar la situación. Pero, para hacerlo eficazmente, primero necesitamos entender mejor lo que está pasando. Esa es un aspecto en el cual este libro te puede ayudar.

En segundo lugar, casi nunca nos dicen –aunque la mayoría de nosotros inconscientemente lo sabemos- cuanto los más afortunados de nosotros de hecho nos beneficiamos de algunos de los males que vemos a nuestro alrededor. La pobreza, por ejemplo, actúa como un colchón para las clases media y alta, proveyendo una abundante fuente de mano de obra de bajo costo. La expoliación de nuestro medio ambiente produce bienes más baratos para la generación actual, cuyos costos totales tendrán que ser absorbidos por las sucesivas futuras generaciones, quienes actualmente ni votan ni gastan. Nos benefician muchas cosas malas que son producidas por nuestro sistema en asocio con las cosas buenas que también produce, y muchos de nosotros inconscientemente tememos a cualquier cambio que pudiera reducir no solo los males que quisiéramos eliminar, sino que también las cosas buenas que actualmente consumimos.

2

Estos "males" no son ni "deliberados" ni "accidentales". Son parte esencial e inevitable de la manera en que trabaja el sistema, pero no fueron necesariamente instituídos por un individuo o grupo específico y no necesariamente reflejan una intención maliciosa o egoísta. Estos "males" se auto perpetuán en el tiempo a través de la ejecución de procesos dentro del sistema, que existen fundamentalmente para servir las necesidades y deseos de los más poderosos entre nosotros. Estos procesos -no obstante producir pobreza, destrucción ambiental, violencia y alienación social- no necesariamente son los deseos conscientes de nadie vivo o muerto, sino simplemente consecuencias de la manera en que opera el sistema.

El problema que ahora debemos enfrentar, aunque a regañadientes, es que la magnitud de los "males" que están siendo producidos por nuestro sistema es, por primera vez en la historia, tan grande que literalmente amenaza con abrumar y destruir el sistema mismo.

La pobreza en una escala masiva global genera violencia, crimen, terrorismo y guerra. La biósfera, integrada por todas las cosas vivas sobre la tierra de las que dependemos, está siendo drásticamente agotada. La desintegración de la familia, la comunidad y de los valores de la sociedad, nos está dirigiendo hacia niveles de crueldad y violencia nunca antes vistos, y a que la gran mayoría de las grandes ciudades alrededor del mundo se estén convirtiendo en mosaicos consistentes de minúsculas islas de riqueza y paranoia, rodeadas de un mar creciente de injusticia deshumanizada, pobreza, degradación y crimen.

Para entender la automaticidad e impersonalidad de cómo trabaja el sistema, piense, por ejemplo, que pasa cuando, como está pasando ahora, la economía entra en una seria desaceleración o en una recesión. Una de las primeras cosas que pasan, es que mucha gente es despedida de sus trabajos. Despedir trabajadores ayuda a minimizar las pérdidas a las corporaciones que anteriormente los habían empleado, y permite que el capital sea resguardado y preservado quizás para ser reutilizado con propósitos productivos en la próxima alza económica, lo que pudiésemos decir que es "bueno". Pero mientras tanto estos despidos hacen que decenas o cientos de miles de familias, previamente autosuficientes, pasen a un estado de indigencia o casi indigencia. Familias se desintegran, la salud de la gente es quebrantada, y una nueva generación de niños crece conociendo del miedo y el odio en lugar de aprendiendo a desarrollarse como seres humanos.

La pobreza, como será explicado extensamente en los próximos capítulos de este libro, a menudo tiene orígenes accidentales, pero a partir de ahí es perpetuada a través de la naturaleza autodefensiva de los procesos que operan en el interior de nuestro sistema, para proveer de seguridad a los más poderosos entre nosotros. La pobreza, como se demostrará, puede ser con razón definida como la "red de seguridad social, financiera y económica" de los ricos.

El poder se perpetúa a si mismo, y las instituciones creadas para servir al poderoso son difíciles de cambiar. Sin embargo, no es imposible.

La posibilidad del cambio es el mensaje final de este libro. Una vez que nos damos cuenta de que las cosas han ido demasiado lejos, y de que hemos alcanzado la riqueza y la tecnología necesaria para hacer realidad el cambio, debemos enfrentar la responsabilidad de realizarlo. Realizar un cambio positivo que permitirá a cada ser humano sobre la tierra alcanzar su derecho inalienable a una vida en un mundo justo, sano y feliz.

Sí podemos! Sí debemos! Este libro presenta muchas ideas y sugerencias, basadas en una amplia percepción del mundo y en análisis precisos y exhaustivos que nos pueden iniciar en nuestro camino.

CAPÍTULO I
INTRODUCCIÓN
¿A QUÉ SISTEMA ME REFIERO?

En este libro me refiero al Sistema Económico y Político Global que prevalece en el mundo de hoy.

Sistema que en gran medida ha reemplazado al antiguo modelo basado en principios religiosos tradicionales de Occidente. El Sistema actual es fundamentalmente secular, materialista, basado en el sistema de producción de "libre Mercado" y funciona de la mano de la parafernalia comercial, de comunicaciones y de seguridad que necesita para sostenerse.

¿PORQUÉ ES INSOSTENIBLE E INJUSTO?

Cualquier sistema que no sólo reproduce, sino que regular y progresivamente profundiza y extiende males sistémicos como los que voy a describir a continuación, no puede considerarse funcional, y debe ser reestructurado para evitar múltiples e inminentes catástrofes.

Entre los múltiples males sistémicos que nos rodean están los siguientes:

- Pobreza en gran escala como lo indican los números crecientes de mortalidad infantil a nivel mundial.

- La profundización progresiva de la degradación del medio ambiente y la destrucción de recursos naturales básicos como el agua, los suelos y el aire, así como de todas las especies de seres vivientes con los que compartimos la biósfera.

- Alienación, criminalidad, violencia e inseguridad en todos los niveles de la existencia social. Situación que se refleja en lo que queda de nuestra decadente estructura familiar, en las calles, los vecindarios y comunidades hostiles y peligrosas de nuestras grandes ciudades. No digamos en la proliferación por doquier de violencia institucionalizada, sistemática, ciega y desalmada desatada por países y por los "barones" de las drogas, traficantes de personas y otros criminales internacionales, además de la violencia generada por la intolerancia religiosa y étnica en el último rincón del mundo de hoy.

Mientras algún aparente y relativo progreso puede ser observado a veces en algunas localidades, la tendencia general es de un acelerado deterioro en todos los frentes. El sistema está en crisis y prediciblemente tendrá un colapso catastrófico, probablemente dentro de una generación, a menos que se tomen medidas pronto para reconocer, enfrentar y "arreglar" las causas fundamentales de este fallo sistémico.

¿PUEDE EL SISTEMA "ARREGLARSE O ES MUY TARDE YA?

¡Sin ninguna duda, esta es la gran pregunta!

La Historia parece indicar que el sistema no será cambiado sólo porque un grupo de simples mortales tomen la decisión de hacerlo. La Historia nos enseña que los humanos actuamos cohesiva y efectivamente sólo cuando somos forzados por cataclismos devastadores que destrozan el status quo. Si esto es así, para entonces probablemente será muy tarde para nosotros. Porque la magnitud de las catástrofes que se nos vienen encima es con certeza muchas veces más grande que cualquier otra cosa que la humanidad haya experimentado previamente. Mucho más devastadoras que las guerras mundiales, revoluciones y exterminios masivos de los últimos cien años. Las catástrofes que se avecinan probablemente causarán un daño irreversible. Sino el Armagedón, algo parecido, con consecuencias que harán de este mundo un infierno para la gente que sobreviva y las generaciones por venir.

Por otra parte hay muchas cosas que han cambiado y que hoy son diferentes de como lo fueron alguna vez:

- Sabemos, o por lo menos somos capaces de saber, qué está pasando en cualquier lugar del mundo casi al instante.

- Tenemos tecnologías, que aplicadas apropiadamente nos dan el poder por primera vez en la historia, de enfrentar cada uno de los mayores fallos sistémicos que atribulan a la humanidad actualmente.

- El Mundo tiene la riqueza necesaria para proveer a todas las personas sobre la faz de la Tierra de los recursos para que viva una vida justa, sana y feliz.

Tenemos la riqueza necesaria para preservar nuestros recursos naturales y rescatar nuestra civilización y cultura de los promulgadores del mal, que por negligencia, hemos permitido proliferar entre nosotros.

El saber lo que está pasando, y el tener la habilidad de hacer la diferencia también nos hace moralmente responsables, por primera vez en la historia, por los "males" que pudiendo detener no lo hacemos.

Este libro intentará hacer claro e irrefutable lo que ya sabemos que es cierto. **El Sistema ha fallado, y debemos arreglarlo.** La única pregunta es: ¿Tenemos la inteligencia, la fortaleza moral, el valor, y especialmente la voluntad, para hacer lo que se tiene que hacer antes de que sea demasiado tarde?

Lo que tiene que hacerse se volverá meridianamente claro cuando captemos la realidad de la urgente necesidad de actuar. Tenemos ante nosotros un camino voluntario de cambio racional, que comienza por tomar las decisiones individuales y colectivas que nos permitan progresar creativamente hacia dicho cambio.

Ninguna persona, y ciertamente no este autor, puede tener todas las respuestas. Pero este tu amigo y este libro intentarán al menos fomentar la exploración de alternativas que posiblemente no nos habíamos dado cuenta que teníamos; y señalar algunas medidas obvias que –dependiendo de cambios que podemos realizar dentro de nosotros mismos ejerciendo nuestra fuerza de voluntad- podemos tomar en el corto plazo, digamos en los próximos cinco años a lo sumo. Además de que podemos señalar reformas políticas e institucionales que vamos a explorar y discutir juntos, para que podamos construir un consenso para un cambio pacífico que pueda comenzar en el transcurso de una década. Algunas de estas reformas pueden parecer radicales y peligrosas. Pero, en todo caso, menos radical y peligroso que permitir el colapso de nuestras instituciones políticas y económicas a nivel mundial, que se produciría de continuar el sistema como hasta ahora.

Si, como inteligentes y amorosos seres humanos que somos –humildes y agradecidos por haber recibido el milagroso regalo de la vida- podemos usar nuestro conocimiento, tecnología y riqueza para crear los medios para comunicarnos abiertamente, discutir racional y pacíficamente, así como dirigir nuestras conductas individuales y colectivas para evitar que los males más abyectos nos ocurran, mientras hacemos realidad el mayor bienestar para el mayor número de personas posible, estoy convencido de que el trabajo de reformar nuestras instituciones y de construir los fundamentos de un mundo justo, sano y feliz puede ser completado en no más de una generación.

Nosotros, los habitantes de la Tierra en el año 2011 somos, yo creo, la generación llamada a subirse al carro de la historia para que su derrotero nos lleve por mejores caminos. Estamos llamados a reconocer lo que pasa a nuestro alrededor, y por primera vez, tomar la responsabilidad y control sobre el futuro de la vida en nuestro planeta. Yo creo que podemos, si comenzamos ahora, crear el "Cielo" en la Tierra que nos ha sido prometido por nuestro Creador. Depende de nosotros la realización de esta promesa que yace dentro de los corazones de todos.

CAPÍTULO II
¿QUÉ ES EL SISTEMA Y CÓMO FUNCIONA?

Nosotros, como peces en el agua, estamos totalmente inmersos en el sistema y su mecánica, por lo que no siempre nos damos cuenta de lo que es y cómo funciona. Aún quizás, ni siquiera advertimos su presencia.

Así que la primera tarea de este libro es, de la manera más breve y simple que sea posible, señalar la existencia de un sistema (y sub-sistemas) dentro del cual vivimos y cómo este sistema, en respuesta a las necesidades de sus "constituyentes" y del relativo poder entre ellos, de una manera natural y sin intervención deliberada de ninguna clase, continuamente se regenera y reproduce a sí mismo en el espacio y el tiempo, exhibiendo una profunda resistencia inercial a los cambios, ya sea en estructura o dirección. Como en cualquier organismo "vivo", simplemente pasa, sin necesidad de que ningún individuo o grupo dirija conscientemente el proceso, ya sea en todo o en parte. El Sistema respira y metaboliza, sus células son reparadas o reproducidas, la sangre circula, señales son generadas y transmitidas, y el Sistema se auto perpetúa en el tiempo y el espacio, sin un aparente control central.

Los sistemas económicos y políticos se comportan de una manera similar, tienden a movilizar y dirigir recursos y energía en maneras que preservan y fortalecen la capacidad del sistema para perpetuarse a si mismo, en beneficio de **SUS** constituyentes, sin necesariamente poseer un aparente control central.

Obviamente, algunos sistemas son más eficientes que otros. Algunos no funcionan bien desde el principio y mueren rápidamente. Algunos funcionan durante largo tiempo, pero quizá por su incapacidad de evolucionar para responder a cambios en las condiciones ambientales terminan gradualmente desgastándose hasta desaparecer; o bien son destruidos por sistemas rivales que han sabido adaptarse mejor al cambio.

NUESTRO SISTEMA NO SÓLO NO FUNCIONA, ESTABA DEFECTUOSO DESDE EL PRINICIPIO. Y SIN EMBARGO, PUEDE SER ARREGLADO.

Cualquier Sistema que haya sobrevivido por largo tiempo, como lo ha hecho el Sistema Económico y Político Materialista de Producción que –en mayor o menor grado- se ha extendido por doquier a través del mundo desde la Revolución Industrial de los albores del Siglo XIX, evidentemente debe haber provisto beneficios a un gran número de sus constituyentes. Nuestro Sistema actual, quizás mejor personificado por la política económica doméstica de los Estados Unidos, pero también fundamentalmente característico del sistema de Capitalismo de Estado de China, e integrándose cada vez más a escala global, continúa produciendo grandes y múltiples beneficios a un gran número de sus constituyentes, y esto es lo que le da la fuerza para continuar expandiéndose y proliferando. Aun cuando el Sistema también produzca un gran número de "males", lo cuales fueron enumerados anteriormente.

El punto fundamental es que el mismo Sistema es el que produce tanto los "beneficios" como los "males". Los males producidos por el Sistema continúan existiendo porque implícitamente sirven algún propósito, y pueden proveer beneficios sustanciales a poderosos constituyentes del Sistema.

La Segunda tarea preliminar a ser alcanzada es entonces mostrar como los "males" que representan la pobreza, la destrucción ambiental, la criminalidad y la violencia están intrínsecamente relacionados al funcionamiento del sistema actual. Explicando cómo ello trae beneficios a los constituyentes más poderosos del Sistema sin necesariamente ninguna acción deliberada, y aun probablemente sin que los beneficiarios estén siquiera enterados. Y de cómo por ello se perpetúan en el tiempo y el espacio, aun cuando a la larga "estos males" amenacen con destruirnos a todos.

Para ponerlo al estilo de renombrados filósofos de habla inglesa, "Shit happens"[1]. Pasa todos los días y por doquier a todo nuestro alrededor. Cada uno de nosotros contribuye, independientemente de nuestra voluntad individual. Es sencillamente parte del Sistema, y como hasta el día de hoy ha sido fácil desentendernos del problema, pues nunca nos hemos preocupado.

Ahora, sin embargo, hemos envenenado los océanos por nuestra ignorancia, ya no queda lugar que nos pueda servir de sumidero para las "vainas" que producimos, y toda la variedad de desperdicios que "inocentemente" generamos. A menos que asumamos la responsabilidad pronto, y hagamos algo para eliminar o transformar nuestros desperdicios, más temprano que tarde vamos a terminar ahogándonos en ellos. El Sistema que aparentemente ha trabajado tan bien hasta ahora, debe ser modificado fundamentalmente, y pronto, o terminará por afectarnos mortalmente a todos.

DEFECTOS DEL SISTEMA

Darnos cuenta que los Mercados en el mundo real son imperfectos – a pesar de la elegancia teórica de la competencia perfecta- no es algo nuevo. Aún los teóricos económicos han dedicado mucho esfuerzo en explorar y explicar como la información imperfecta, los altos costos de las transacciones y las externalidades de varias clases producen una multitud de "fallos del Mercado" en el mundo real. Estos fallos del Mercado han sido señalados desde hace décadas por economistas y políticos de tendencia Keynesiana –desde Keynes[2] mismo a Franklin Roosevelt hasta John Kenneth Galbraith en los 60`s- sosteniendo que la

---

[1]   "pasan mierdas" en inglés.

[2]   John Maynard Keynes, fue un famoso economista británico que propugnó la idea de usar el gasto público para compensar las fluctuaciones de la demanda en el sector privado de la economía, particularmente durante la Gran Depresión de los 30´s.

innegable e inevitable presencia de los fallos de Mercado, y los que destructivas extremas con sus intereses particulares egoístas producen, si se las deja hacer a su antojo, hace necesario que exista un "poder compensador" ejercido por un buen gobierno que vele por el interés público y el bien común. Su visión era que, ni el capitalismo desenfrenado –como en la época de los "robber barons"[3]- ni el estatismo desenfrenado, ya sea de derecha o izquierda, pueden proteger el interés público de los inevitables abusos. Así como se refleja en la concepción constitucional de los Estados Unidos en lo relativo a la estructura ideal de gobierno, Keynes, Roosevelt y sus seguidores creían firmemente que un fuerte y efectivo sistema de "pesos y contrapesos" tenía que ser mantenido y aplicado para proteger el interés público. Hasta el presidente Eisenhower advirtió de los peligros de permitir que el poder se concentrara excesivamente en cualquier segmento de la sociedad incluyendo "el complejo militar-industrial"[4] del cual él mismo había surgido.

Pero el asesinato del presidente Kennedy, y el fracaso de la administración Johnson tuvieron como consecuencia la elección de Richard Nixon y el surgimiento gradual de un pseudo neo-conservadurismo, que ha llegado a ser la casi incuestionable ortodoxia de nuestro tiempo. "El Mercado manda." Cuanto menos gobierno, mejor. El consumidor es el soberano, y cualquier resultado que el "Mercado" produce es mejor y representa más bienestar para un mayor número de personas que cualquier otro posible resultado. Esto tiene que ser así, porque, dicen ellos, el consumidor es el soberano y cualquier resultado

---

[3]   Robber baron es un término peyorativo usado para referirse a poderosos banqueros e industriales del siglo XIX en los Estados Unidos. El término se utiliza para referirse a banqueros y hombres de negocios que recurren a cuestionables prácticas comerciales para aumentar su poder o riqueza.

[4]   En el penúltimo borrador del discurso de despedida de 1960, el presidente Eisenhower se refería al "complejo militar-industrial-congresional"; este hecho nos da una idea de cómo, en su mente, la connivencia del gobierno, pagado con dinero, hace posible mantener el sistema en orden y funcionando.

producido es consecuencia de millones de libres elecciones realizadas por consumidores en millones de transacciones que tienen lugar todos los días en el "Mercado". Nadie lo controla. ¿Qué podría ser más democrático que eso?

MITOS SOBRE EL MERCADO, LA LIBERTAD Y EL CAPITALISMO

En las siguientes secciones trataremos el punto, que de hecho, el consumidor no es el soberano, y que no puede ser el soberano aún bajo las condiciones idealizadas estipuladas por el dogma económico. El Sistema está controlado, pero no está controlado en el mejor interés público. Esto es evidente por los resultados que produce.

También mostraré como, bajo el actual sistema, el control es ejercido por unos pocos casi exclusivamente para servir a sus intereses particulares, y como algunas características estructurales del sistema les permiten a los pocos que ejercen el control salirse con la suya. Entender como el poder es manipulado en el sistema económico-político en que vivimos nos podría dar pistas de cómo las cosas tendrían que cambiar, para dar paso a un más balanceado, equitativo y a la larga más vivible estado de cosas para nosotros mismos y nuestros hijos.

La Falla Fatal del Modelo de Libre Mercado

No hay duda de que el modelo competitivo de libre empresa, como el que se desarrolló en un principio en Inglaterra y Europa Occidental y posteriormente alcanzó su culminación en los Estados Unidos, es por mucho la más efectiva maquinaria de minimizar costos y maximizar la innovación que haya alguna vez concebido la humanidad. Dentro de un marco legal que define y protege los derechos sobre la propiedad y que apoya el cumplimiento forzoso de los contratos, así como ciertas medidas para facilitar la entrada de competidores y evitar prácticas anticompetitivas, la colusión y otras conductas predatorias, este sistema –basado fundamentalmente en la libertad e iniciativa individual- ha

15

demostrado ser el más eficiente sistema productivo de la historia, y verdaderamente una base sólida sobre la cual organizar el lado de la oferta de una economía.

Por favor toma nota que, aún en el lado de la oferta, el Mercado depende fundamentalmente de ciertos elementos institucionales que pueden no estar presentes en el mundo real. O que a veces, a estos elementos institucionales estando presentes no se les permite actuar tan libre y agresivamente como se necesita para prevenir el fraude, la colusión y los abusos que socavan la competencia y la habilidad del Mercado para producir eficiencia e innovación para beneficio de la Sociedad.

Sin embargo, en el lado de la oferta es por lo menos cierto en principio, que grandes ahorros en costos y en eficiencia pueden ser alcanzados.

A pesar de los mejores esfuerzos de algunos de los más connotados economistas de la historia, para proveer una base teórica y soporte intelectual a los enfoques económicos neo-conservadores del tipo "laissez faire" que pretenden cerrar el ciclo por el lado de la demanda, puede ser demostrado que donde el Mercado falla completamente es precisamente en ese lado, particularmente en determinar –en cualquier marco teórico que sea consistente con la política ideológica liberal- qué recursos de la Sociedad se utilizarán y qué aparato productivo se organizará para ejecutar la producción. Es la vieja cuestión de "Cañones vrs. Mantequilla" (o tal vez mejor, Las escapaditas a Las Vegas vrs. Seguro Médico Accesible) ¡Un verdadero acertijo!

Concediendo, que una vez que se especifica una lista final de lo que demanda una sociedad, la manera más eficiente de organizar y administrar la producción de la lista de bienes y servicios demandados es a través de un sistema de libre mercado. Pero, ¿Cómo el Mercado determina el contenido de la lista final de lo que demanda la Sociedad de una manera óptima? ¿Cómo el Mercado va a determinar qué recursos de la Sociedad deben asignarse a los Casinos de Las Vegas en lugar de a la Comunidad de Centros Médicos?

La respuesta es: ¡No puede!

El Mito de la Soberanía del Consumidor

Se ha trabajado mucho, y hasta se han otorgado Premios Nobeles por la construcción y embellecimiento de la noción de "Soberanía del Consumidor", la cual establece en resumidas cuentas, que los consumidores a través de sus elecciones individuales en el Mercado apoyadas por su voluntad de intercambiar riqueza de acuerdo a sus elecciones de consumo, en última instancia determinan lo que demanda la Sociedad, y así, lo que debe ser producido. El Equilibrio y el máximo bienestar alcanzable por esa Sociedad en particular – dadas las específicas preferencias de los individuos que la componen- es alcanzada cuando la Oferta iguala a la Demanda, satisfaciendo así la totalidad de las necesidades y deseos libremente expresados, al menor costo posible para la Sociedad en términos de recursos utilizados.

Hay dos problemas fundamentales con la anterior caracterización del lado de la demanda en un sistema económico basado en el mercado.

El Primero es la presunción de que los individuos de alguna manera, libre e independientemente, pueden dar con sus propias listas finales de productos y servicios demandados, ordenados según su preferencia dados los precios relativos de los bienes y servicios en sus listas y la cantidad de ingresos disponibles para cada individuo. Se presume que los consumidores individuales tienen un conocimiento completo de todos los bienes y servicios que pudieran tener, si así lo prefirieran, y conocimiento de sus precios relativos. También se asume que tienen un bien desarrollado sentido de la fuerza de sus preferencias relativas de un ítem sobre otro, de tal manera que en caso de cambios en los precios relativos de los bienes y servicios (a través del juego de la oferta y la demanda en el Mercado) los consumidores puedan inmediatamente determinar cuánto de su demanda de un ítem en particular va a disminuir y cómo esa reducción en el consumo será aplicada a un incremento en el consumo de otros ítems.

Paul Samuelson, fue un connotado economista norteamericano de hace una generación, a quien le fue otorgado el premio Nobel de Economía por el desarrollo de la teoría de las "Preferencias Reveladas", la cual sostiene que aún si las personas no pueden articular una lista bien ordenada de sus demandas finales y los valores relativos que le dan a cada ítem de la lista, alguien podría, observando sus conductas como consumidores en un mercado libre, determinar sus preferencias implícitas reveladas por sus acciones. Ya que, se asume que estos individuos actúan con conocimiento total de sus posibilidades, y libres de cualquier influencia ó limitación impuesta externamente, y también asumiendo que, la lista final de bienes y servicios producidos y consumidos dentro de la economía como un todo es simplemente la suma de todas las listas de demandas individuales finales, no podría ser posible –dentro de un sistema de libre mercado- que hubiera una manera de mejorar el resultado final sin negarles a al menos algunas personas la satisfacción total de sus necesidades y deseos.

Esto es obviamente, aunque elegante y sofisticado, un completo disparate teórico. Como es evidente, ya sea desde la introspección o desde la observación de la conducta de las personas que nos rodean, nadie de nosotros viene al mundo con nada ni remotamente parecido a un conocimiento total de las posibilidades de bienes y servicios que podrían ofrecérsenos, ni considerando únicamente la tecnología actual, mucho menos considerando inversión en desarrollo de nuevas tecnologías que pudieran abrir nuevas posibilidades para nosotros, como individuos y sociedad. En la vida real, nos enseñan que es lo que nos debe gustar y lo que no. Estamos sujetos a una gran cantidad de influencias – padres, escuela, iglesia, comunidad, cultura, comerciales e infomerciales- cada una de estas influencias con diversas nociones de lo que podríamos tener y de lo que deberíamos de querer.

Las corporaciones están, por supuesto, muy interesadas en enseñarnos a querer sus productos, anualmente gastan cientos de billones de dólares en publicidad que difunde sus mensajes a través de las frecuencias de radio y televisión, impresos, y aún en carteles cubriendo las partes más visibles de edificios en las ciudades alrededor del mundo. Sus intereses comerciales y los mensajes que transmiten no están limitados a los anuncios comerciales directos. Como dueños de los principales conglomerados de comunicaciones, las grandes corporaciones tienen una enorme influencia en los mensajes que son transmitidos a través de productos de entretenimiento de cualquier clase, y aún en la selección de lo que nos es presentado como "supuesta" información. El involucramiento de las Corporaciones en la política en todos los niveles, también contribuye a determinar la clase mensajes que son transmitidos por los políticos y por las instituciones públicas, creando así un estado de consciencia adormecida acerca de lo que se puede tener y lo que se debe querer.

Así, en la práctica, los resultados finales, que supuestamente en una economía de mercado provienen de la interacción entre la oferta y la demanda, provienen realmente en su mayor parte, sino exclusivamente, de acciones deliberadas llevadas a cabo por las grandes corporaciones que dominan el lado de la oferta de la economía para promover sus intereses. Los productores no responden más a las demandas autónomas de los consumidores. Más bien dedican sus masivos y omnipresentes esfuerzos a moldear las preferencias del consumidor, maniobrando para condicionar a los consumidores a querer comprar los productos que son más rentables para las corporaciones. El Mercado en resumen, no garantiza un resultado económico que sea necesariamente mejor desde el punto de vista individual, ni desde el punto de vista del interés colectivo.

¿Cómo podría ser mejor para el interés individual o colectivo que el Mercado en Estados Unidos haya producido una Industria Médica/Farmacéutica que no esté orientada hacia la prevención o la cura de las enfermedades, sino a la extensión de la vida —bajo fuertes, altamente caros, y por supuesto, altamente rentables medicamentos- en una población que es mantenida crónicamente enferma por ignorancia, negligencia, y por un cada vez más intoxicado medio ambiente? La Investigación y Desarrollo de productos médicos, aún con el patrocinio del gobierno a través de nuestros impuestos, están casi completamente enfocadas al desarrollo de drogas que mantendrán vivo al paciente crónicamente enfermo, no a enseñar prevención ni a encontrar curas. Los modelos de desinteresados, sacrificados, casi santos, investigadores y profesionales de la salud dedicados a aliviar el sufrimiento humano ha prácticamente quedado en la historia. Ahora, los doctores son percibidos como poco más que bien preparados parásitos sociales, interesados en primer, segundo y tercer lugar en hacer dinero, proporcionando únicamente el absoluto mínimo necesario en cuidados y atención a las necesidades de sus pacientes.

¿Cómo puede ser mejor que "los nuevos ricos" entre nosotros prefieran comprar una casa de dos millones de dólares, cuando ellos y sus familias pudieran vivir igual de confortablemente y con las mismas condiciones de seguridad en una casa de medio millón de dólares, pudiendo usarse el remanente para financiar o garantizar las primas de 30 o más casas adicionales para familias de menores ingresos?

¿Cómo puede ser mejor que el sibarita japonés esté tan condicionado a la extravagancia que se esté dispuesto a sacrificar anualmente 1,000 ballenas en peligro de extinción únicamente para satisfacer sus apetitos, y que sus deseos hedonistas consigan el apoyo de su gobierno a través del abuso descarado tanto de la confianza pública como del nombre de la ciencia?

¿Cómo puede ser mejor que nuestros jóvenes prefieran un orgiástico fin de semana en Las Vegas o Cancún, que unos días visitando una Reservación Navajo y explorando las antiguas culturas americanas y las bellezas del Suroeste americano?

¿Cómo? Porque se ha gastado buen dinero en enseñarles y condicionarlos a desarrollar esos valores y gustos, y a usar cualquier dinero que pudieran tener para exhibir estas conductas, siempre, puedes estar seguro de ello, para que alguien tenga una buena ganancia.

Lo importante es darse cuenta que los valores, gustos y preferencias que guían las decisiones de consumo en un Mercado libre son aprendidos. No son de ninguna manera, inherentes o naturales a la condición humana.

Una vez que nos hemos dado cuenta de que los valores, gustos y preferencias son aprendidos -y que hay muchos grupos de interés compitiendo para determinar los contenidos específicos de lo que se enseña- podemos meditar sobre lo que *debería* ser enseñado con el interés en mente de construir una sociedad justa, sana, y feliz para nosotros y nuestros hijos. Podremos también ver las cosas claramente, y rechazar de plano los mensajes descaradamente falsos de los ideólogos del libre mercado sobre que cualquier interferencia deliberada –ya sea por el actuar del gobierno en el interés público, o por la comunidad, o por grupos religiosos promoviendo sus creencias- únicamente va a producir "distorsiones" y será una transgresión a las "libertades" que Dios nuestro Señor ha otorgado a los "buenos americanos". No es cierto. Al contrario, los apologistas corporativos defensores de una concepción falsa y distorsionada del libre mercado, casi han tenido éxito en robar nuestro derecho fundamental como ciudadanos libres, de difundir y promulgar nuestros propios valores, usando sus enormes recursos para, a través de la propaganda, declarar la muerte de cualquier cosa sagrada en nuestras vidas. Intentando así, entronar el hedonismo vacío y el consumo como los valores últimos para guiar nuestra conducta. Como personas libres que somos –y habiéndonos dado cuenta de que el modelo ideal de la economía de mercado presentado por sus apologistas corporativos es falso- tenemos que insistir en que se nos permita desarrollar y exhibir nuestros propios valores, y debemos actuar en consecuencia en todas nuestras elecciones ya sean estas económicas o políticas, aún cuando estás sean generadas y apoyadas por instituciones diferentes del "Mercado".

No es el mejor de todos los mundos posibles

Hay un segundo error fatal en las bases teóricas de la propaganda del libre mercado, descrito en el conocido como "Teorema de Imposibilidad de Arrow", nombrado así en honor del economista ganador del premio Nobel, Kenneth

Arrow[5]. Este es aplicado al análisis de los sistemas electorales cuando hay más de dos opciones, sosteniendo que no es posible diseñar un sistema de votación que permita generalizar las preferencias de los individuos hacia una preferencia global de la comunidad cumpliendo al mismo tiempo ciertos criterios "racionales":

- Dominio no restringido.

- Ausencia de un dictador.

- Eficiencia de Pareto.

- Independencia de alternativas irrelevantes.

Por racionalidad se entiende que las preferencias de los electores sean transitivas, completas y reflexivas. Las preferencias son transitivas cuando, si la situación "A" es preferida a la situación "B" y la situación "B" es preferida a la "C", entonces la situación "A" es preferida a la situación "C". ¡Lógico verdad! Cuando nos referimos a las preferencias de un individuo no hay problema, pero cuando pasamos al nivel de las preferencias sociales se dan relaciones circulares donde desaparece la transitividad.

Un caso en que desaparece la transitividad es cuando un conjunto de votantes eligen entre tres alternativas, y no se toma en cuenta el valor relativo de las preferencias entre ellas que tiene la población votante. En el sistema de mayoría simple puede ser que una mayor cantidad de población prefiera "A" sobre "B" y

---

[5] El Premio Nobel de Kenneth Arrow fue otorgado por otro trabajo que delineaba las condiciones necesarias para la existencia del Equilibrio General Walrasiano, aunque es más conocido por el Teorema de la Imposibilidad.

"C", pero no se toma en consideración que la mayoría podría en realidad preferir "B" ó "C" sobre "A".[6]

De manera similar, cuando los votantes prefieren a "A" sobre "B" en la ausencia de otro candidato, la entrada de "C" quien no es la primera opción de los votantes, no debería cambiar el resultado entre "A" y "B" a favor de "B". Esta condición es conocida como "independencia de alternativas irrelevantes", y se ha visto violada tanto teóricamente como en la práctica, ejemplos, tales como, quizás, cuando la participación de H. Ross Perot en la elección de 1992 puede haber determinado el resultado a favor de Bill Clinton sobre el primer George Bush.

Si como muestra el Teorema de Imposibilidad de Arrow, es imposible utilizando cualquier sistema de votación imaginable, generar un resultado total confiable sobre las preferencias de un conglomerado sumando las preferencias individuales. Es decir, que la suma imparcial de las preferencias individuales no necesariamente reflejan las preferencias colectivas. Sería imposible sostener que el conjunto de las actividades de los consumidores en el Mercado – un particular conjunto de bienes y servicios producidos y consumidos- es la única posible, y menos aún, la mejor agrupación de preferencias reveladas de los consumidores individuales.

Aún si fuera verdad, como Samuelson afirma, que las preferencias individuales son reveladas por las elecciones efectivamente realizadas en el Mercado, sería todavía imposible decir que las preferencias totales de la Sociedad son reveladas por los resultados de la actividad económica en un período determinado.

---

[6] Explicar la teoría en su totalidad va más allá del alcance de este libro pero puedes, si tienes curiosidad o interés, encontrar más información en las páginas de Internet de Wikipedia buscando (Paradoja de Arrow).

Como si de todas maneras no fuera evidente, lo arriba escrito simplemente significa que, aún en un sentido estrictamente teórico, no es posible decir sinceramente que los resultados observados de la actividad del "libre" Mercado necesariamente reflejan el mejor de todos los resultados posibles, dadas las preferencias individuales de los llamados consumidores "soberanos". La Soberanía del Consumidor es mentira, "paja", "carburo", "canto de sirena" y la usan los apologistas corporativos como una herramienta política para atraer al votante y consumidor, haciéndole creer que la manipulación que a diario experimenta en el "Mercado" es compatible con el bienestar propio y el de la sociedad.

A manera de ejemplo, aunque todos veamos pobreza, hambre y enfermedad en todo el mundo, muy pocos quisieran sostener, que ese resultado económico es la consecuencia de las libres elecciones realizadas por los consumidores en una economía de libre mercado. Sería casi imposible encontrar a alguien quien admitiera preferir un mundo con estas calamidades sobre algo alternativo; a pesar de ello estos resultados son muy reales y palpables, particularmente para aquellos que los sufren.

No podemos quedarnos sentados tranquilamente y aceptar únicamente aseveraciones relativas a que las cosas buenas producidas por una economía de libre mercado –trabajos, ingreso, y un alto nivel de vida para mucha gente- son simple y únicamente el resultado de consumidores realizando elecciones libres en una economía de libre mercado. Si vamos a aceptar los buenos resultados de la manera en que funciona el sistema, tenemos que aceptar que hay malos resultados también, y que se pueden y deben tomar medidas para corregirlos. Aquellos quienes habiendo recurrido a argumentos históricos falaces dicen que, la pobreza, el hambre y la enfermedad son inevitables, y que por tanto siempre estarán entre nosotros, están simplemente equivocados y nos quieren rebajar a que transitemos un sendero de irresponsabilidad y hedonismo.

La verdad es que estos "males", y otros que analizaremos brevemente luego, continúan existiendo porque el sistema falla en proporcionarnos las alternativas correctas, y porque no nos han enseñado los valores adecuados. Este es el reto de la generación actual: Cambiar el Sistema de tal manera que preserve las cosas buenas que produce, mientras al mismo tiempo genere las opciones técnicas y morales correctas, que nos permitan a los habitantes de este maravilloso planeta hacer de la vida aquí, la experiencia productiva, feliz y humana que nuestro Creador ha dispuesto que sea.

Hay otra profunda falla en el sistema de mercado –una que no es negada ni en la teoría- la cual debemos abordar. Obviamente, el impacto de las preferencias y elecciones individuales sobre los resultados producidos por la economía de libre mercado, depende fuertemente del poder y riqueza relativa de los individuos realizando estas elecciones. Igualmente obvio, la cantidad de riqueza y poder que cada uno de nosotros disfruta tiene poco que ver con otra cosa que no sea la riqueza, poder y talentos con los cuales nacimos. ¿Quiénes fueron nuestros padres y qué nos enseñaron? ¿Cuán positiva o negativa es mi perspectiva de la vida? ¿Cuán valiente, inteligente o disciplinado soy? ¿Cuán oportunista y egoísta, quizás?

Todas estas cosas determinan nuestras preferencias y nuestra habilidad de ejercerlas "libremente" o no tanto. Y aunque la teoría económica se conforma con voltear la mirada, y sencillamente "aceptar lo inevitable", yo por mi parte no veo ninguna razón de porqué, los deseos de Donald Trump de tener un yate personal con grifos de oro tienen más valor, que la posibilidad de mi empobrecida vecina de obtener tratamiento para su cáncer. Hay, por supuesto, muchos otros ejemplos de tales injusticias en la forma que actualmente funciona el sistema de libre mercado, demasiados ejemplos tal vez. El punto es que estemos enterados hasta la médula de nuestros huesos de que existen, y de que neguemos con todas nuestras fuerzas su inevitabilidad.

No hay razón para esperar ni desear que el libre mercado provea a todos de iguales resultados. Hay algo positivo que decir de un sistema que "premia" cosas como el talento y el trabajo duro, aún cuando estas características son principalmente heredadas a través de nuestro material genético, y no un mérito particular del individuo. Lo que no es aceptable, sin embargo, es que haya un consumo excesivo derrochador y desperdicio de recursos comunes de parte de algunos, mientras hay tantos entre nosotros que no pueden satisfacer sus necesidades humanas más básicas, a pesar de que en muchos casos, tienen obvios talentos y trabajan muy duro.

LA GENERACIÓN Y REGENERACIÓN DE LA POBREZA

Mientras puede ser relativamente fácil entender como las imperfecciones en el sistema generan una dinámica que beneficia a ciertos poderosos constituyentes cuando, por ejemplo, es permitido que el desperdicio sea simplemente arrojado al medio ambiente, o cuando la violencia o la amenaza se utilizan ilícitamente para obtener beneficio o para quitarle la propiedad al prójimo. Es más difícil de entender y especialmente de aceptar como el sistema, como parte de su funcionamiento intrínseco, genera y regenera pobreza en una escala masiva.

Los Orígenes de la Pobreza

Para comenzar, recordemos que el "sistema" aunque constituye una estructura integrada, no es homogéneo en todos lados. Más bien está compuesto de un vasto número de constituyentes semi-autónomos -individuos y organizaciones- que operan un gran número de "sub-sistemas", algunos más grandes y poderosos que otros. Similares al "sistema" como un todo, los "sub-sistemas" muestran una dinámica a través de la cual sus recursos y energía son dirigidas hacia la auto conservación, reproducción, expansión y auto perpetuación.

¿Qué pasa cuando alguna parte del "sistema" es impactado por algún evento catastrófico externo, como puede ser una sequía o un huracán, una epidemia o una Gran Cruzada? Bueno, es bastante simple, los constituyentes más poderosos y fuertes incluidos en los más grandes "sub-sistemas", serán capaces de sobrevivir la embestida en mejores condiciones que los más débiles entre ellos.

Puede ser que hace mucho tiempo los constituyentes fueran más o menos iguales, y puede haber sido por azar quien haya sido afectado más y quien menos, pero tanto entonces como ahora, casi inevitablemente algunos constituyentes serán debilitados y empobrecidos, mientras otros de alguna manera se benefician en cualquier evento catastrófico.

Por ejemplo, algunos por pura suerte, pueden haber estado más cerca del pozo más profundo durante una gran sequía. Luego pudieron haber construido un fortín alrededor del pozo para asegurar su propia sobrevivencia, convirtiéndose así posteriormente, en los gobernantes de un oasis donde todos los que llegaran a saciar su sed tenían que pagar y donde floreciera con el tiempo un próspero comercio, construido en parte con los créditos extendidos por los gobernantes del oasis a partir de sus ganancias acumuladas.

Otros no fueron capaces de encontrar suficiente agua, perdieron sus animales y sus niños pequeños, y quedaron reducidos a mendigar en su vejez para poder sobrevivir. Los niños más grandes que sobrevivieron no tuvieron la oportunidad de cultivar su propia tierra, y se sometieron a trabajar como mano de obra agrícola o como sirvientes de los más afortunados.

Cuando el huracán Katrina azotó el sur de los Estados Unidos, los ricos, cuyas casas estaban mejor construidas y mejor emplazadas para comenzar, fueron capaces de salir del paso del huracán con mucho tiempo de anticipación. Cualquier daño que pudieran haber sufrido fue rápidamente reparado mediante la aplicación de sus seguros. Los pobres, ya en desventaja desde antes de la tormenta, murieron en grandes cantidades, perdieron la mayoría de sus pertenencias mundanas y están todavía tratando de entender qué pasó y de resolver que será de ellos ahora.

Cuando las recesiones económicas golpean, el sistema permite a las corporaciones y otros empleadores despedir sus trabajadores en masa, transformándolos instantáneamente de miembros productivos de la sociedad económicamente independientes, a engrosar el cortejo del sistema de seguro de desempleo, mientras dura, y a ser candidatos para la pobreza si, por cualquier razón (discriminación por la edad, sexo o raza, etc. o por la continuación de la recesión por demasiado tiempo) no son capaces de reemplazar su antiguo empleo en un período corto.

Tal vez, mientras tanto, el empleo habrá sido desplazado hacia el extranjero, donde el capitalista quien ha sido capaz de mantener el control sobre sus bienes, a pesar de la recesión, mediante la transferencia de su impacto a su antigua fuerza de trabajo, ha encontrado una fuerza de trabajo más barata y menos demandante para su fábrica ahora relocalizada.

La pobreza, se puede decir, es una "red de seguridad social financiera y económica" para los ricos. Es el mecanismo mediante el cual los impactos de las calamidades externas son desviados –naturalmente o por la aplicación inconsciente e "inocente" por los ricos de sus recursos y poder para protegerse ellos mismos y sus familias- de impactar a los más poderosos de la sociedad y son dirigidos hacia aquellos quienes tienen menos posibilidades de defenderse así mismos.

La Pobreza como consecuencia de la Acción Deliberada

En la historia y todavía hoy, la pobreza es a menudo también el resultado de la acción deliberada de otros seres humanos. Como todos sabemos, hace solo 150 años en los Estados Unidos era todavía legal y acostumbrado comprar esclavos que habían sido capturados como animales en su natal África, amarrados y embarcados como ganado en las mortales y hediondas naves esclavistas, despojados de sus ropas, exhibidos y vendidos como si de cerdos se tratara, para ser azotados con látigos y utilizados como mulas hasta sus eventuales muertes, sin esperanza para ellos o sus hijos de reunirse con sus ancestros en este o en el otro mundo. Tomo 100 años, desde la emancipación de los esclavos de América, para que la mayoría de sus descendientes alcanzara algo parecido a derechos civiles iguales a los de cualquier americano, y todavía hoy muchos de ellos languidecen en la pobreza, inseguridad e ignorancia en los llamados "guetos urbanos" parte ya, del panorama urbano de los Estados Unidos.

A la fecha, a lo largo de todo el continente Americano los indígenas están, casi en todos lados, sufriendo todavía el ataque violento de una invasión europea que comenzó hace 500 años y se extendió con base en una desigual y salvaje guerra de conquista, la cual no ha terminado aún definitivamente en algunas partes de Centro y Sur América. Los llamados "indios" del continente americano, desde Dakota a la Amazonia y los Andes, son casi todos todavía pobres, faltos de educación, culturalmente reprimidos y carentes de representación política 519 años después del primer arribo de Colón al continente americano.

Una vez generada, ya sea por pura casualidad o por los instintos naturales de todas las personas de pensar primero en ellas mismas en tiempos de calamidad, o como consecuencia de acciones deliberadas de depredadores humanos rapaces, la pobreza tiende a auto regenerarse generación tras generación. Los hijos de las prostitutas adolescentes adictas al crack, nacidos en la desolación, deshumanizados y degradados por proxenetas y traficantes, se convertirán eventualmente ellos mismos en prostitutas, proxenetas y traficantes. El niño descalzo criado en las alcantarillas de una favela brasileña en lugar de en la escuela, muy probablemente vivirá su vida igual que sus padres, en la más precaria y marginal de las existencias, y muy probablemente tendrá hijos quienes también estarán atrapados por la pobreza y la ignorancia, aún desde antes de su propio nacimiento.

Todo es parte del sistema, auto perpetuándose hasta finalmente quebrarse de manera catastrófica. O mucho más improbable, y sin embargo posible, hasta que el suficiente número de personas decidan mirar la realidad cruda y fríamente, y reúnan el coraje para hacer los sacrificios necesarios para romper el ciclo de una vez por todas.

La Propagación Internacional de la Pobreza

En el plano internacional, la pobreza también es generada y regenerada por la función autónoma del sistema, o para ponerlo en términos que suenen bíblicos, el rico engendra rico y el pobre engendra pobre.

Más crudamente, "las aguas negras fluyen hacia abajo y tienden a quedarse ahí".

Resulta muy fácil olvidar para aquellos de nosotros que actualmente habitamos las regiones más prósperas de la Tierra, que virtualmente todos los países hoy clasificados como pobres, fueron alguna vez colonias de los países que hoy se clasifican como ricos. El impacto de la colonización, un proceso que comenzó en el siglo XV y duró hasta el siglo XX, fue en la mayoría de los casos devastador para el desarrollo de las áreas colonizadas, dejando distorsiones estructurales en sus economías las cuales persisten en la actualidad.

El sistema colonial básico consistía en la conquista armada de territorios no-cristianos y no-europeos, la subyugación de los nativos y la eliminación de sus líderes. Convirtiendo los territorios colonizados en productores de bajo costo de minerales y otras materias primas, en beneficio de la potencia colonizadora. La cantidad de riqueza mineral extraída de África y las Américas, producida por mano de obra nativa en condiciones de esclavitud o equivalente es verdaderamente impresionante. Directa o indirectamente, esta masiva transferencia de riqueza permeó todas las naciones del Occidente de Europa, y puede todavía ser vista hoy en los amplios bulevares y parques, en los palacios y otras obras monumentales de arquitectura que adornan muchas de sus ciudades. Oro, plata, diamantes, cobre, bauxita, las más finas maderas y muchos otros materiales, extraídos en millones de toneladas a punta de espada o bajo el azote de un látigo, es decir, robados –porque no hay otra palabra que pueda usarse- y transferidos a la Metrópoli colonial correspondiente para financiar la construcción, no solo de palacios y finos edificios, sino también de escuelas y universidades, así como de ferrocarriles y fábricas.

Las antiguas colonias no solo sufrieron el saqueo de su riqueza, sino también la falta casi total de inversión en industria o infraestructura alguna que no estuviera directamente relacionada con el proceso de extracción. No se invirtió en suficientes escuelas ni universidades que hubiesen permitido a la población desarrollar su potencial. Las únicas personas que recibieron algo parecido a una educación completa, aún para los parámetros de la época, fueron los hijos de los colonialistas (criollos) y unos cuantos de sus administradores quienes administraron las colonias y la extracción de la riqueza para el beneficio de las Metrópolis coloniales.

Así, cuando la independencia fue finalmente alcanzada, en el caso de la mayor parte de África tan reciente como en los años 60´s, las antiguas colonias se encontraron siendo gobernadas todavía por élites de exportadores locales cuyos lazos económicos y culturales, además de la lealtad, permanecían sólidamente ligados a las antiguas metrópolis.

Las antiguas colonias quedaron atrapadas en economías con las más precarias infraestructuras, y que nunca se habían desarrollado más allá de la extracción y exportación de un pequeño número de materias primas, con los minerales siendo importantes en algunos casos, y en otros casos con producciones agrícolas de caucho, café, azúcar y té. Sus poblaciones eran casi analfabetas en su mayoría, indigentes y plagadas de enfermedades infecciosas que en otras partes del mundo habían sido erradicadas desde hacía mucho tiempo.

¿Qué más hacer? cuando a la larga estaban abandonados en su "independencia", pero continuaban produciendo el café, o el caucho que siempre habían producido, y que continuaban vendiendo por cualquier precio que les pudieran dar en la antigua metrópoli. Sin para mucho más, que para financiar las importaciones de las élites locales, y para la mera subsistencia de las mayorías pobres. No había otra cosa por hacer, ni nadie para financiarla, quizás no fue sino hasta el último cuarto del siglo XX que se produjo un esfuerzo de parte de las antiguas potencias coloniales, y el puñado de organizaciones multilaterales que estos crearon, para traer al menos un mínimo de desarrollo social y económico a los países del "Tercer Mundo".

Una Moderna Historia Económica de la Pobreza

En las dos décadas posteriores al final de la Segunda Guerra Mundial, varios bancos multilaterales de desarrollo fueron creados por los antiguos aliados victoriosos para canalizar recursos hacia las regiones más pobres del mundo. Mientras motivos altruistas pudieron indudablemente motivar a algunos de los organizadores fundadores las naciones del "Primer Mundo" que capitalizaron estas nuevas instituciones, fueron motivadas también por los retos de la "Guerra Fría" que proliferaban en el "Tercer Mundo", el poderío creciente del movimiento de los "No Alineados", y el casi universal repudio a las compañías multinacionales por el rol que asumieron en la extracción de minerales y en la producción de materias primas para la exportación en las antiguas colonias europeas.

Los tecnócratas a cargo de la administración de estos bancos multilaterales al principio creyeron, que un rápido desarrollo económico y la erradicación de la pobreza podrían alcanzarse vía "industrialización" y la creación de infraestructura básica que permitiera a estas economías ser menos dependientes del "Primer Mundo", produciendo bienes manufacturados los cuales siempre habían tenido que importar. Incrementando la productividad del trabajo a través de la infusión de capital, estas inversiones también generarían trabajos mejor pagados los cuales eventualmente, generarían un moderno nivel de vida decente para la mayoría de sus poblaciones. Con el tiempo, se esperaba que los países neo-industrializados del mundo, pudieran llegar a ser competitivos a escala internacional y competir con éxito con los exportadores de manufacturas del "Primer Mundo".

La idea comprendía el concepto de "industrias infantes", la cuales serían protegidas en sus mercados locales mediante la aplicación de altos aranceles a la importación, lo que mantendría afuera del mercado las importaciones provenientes del "Primer Mundo" y permitiría a los nuevos industriales del "Tercer Mundo" aprender a ser eficientes.

Con las posibles y limitadas excepciones de Taiwán, Corea y los "tigres" del Sureste Asiático, el modelo fue un vil fracaso, principalmente por dos razones interrelacionadas.

Primera, no fue previsto como la infusión externa de capital en términos preferenciales crearía vastas oportunidades para la corrupción en países que, además de ser pobres económicamente, estaban desprovistos casi completamente de instituciones democráticas y de los controles que apuntalan el efectivo imperio de la ley en las naciones más avanzadas. Las élites locales que de alguna forma u otra controlaban los gobiernos –o el mismo estado- se convirtieron en los dueños de los nuevos puertos, plantas de energía y fábricas, y estas élites –protegidas contra la competencia internacional por altos aranceles de importación y un fuertemente permisivo entorno, tanto local como en la arena internacional- procedieron a enriquecerse más allá de lo que pudieron haberse previamente imaginado. "La Industria Infante" era una buena excusa para la continuación de los altos aranceles a las importaciones, y fueron mantenidos mucho tiempo después del período en que la industria local debería haber alcanzado la eficiencia competitiva. En este estado de cosas, las pobres poblaciones locales, que antes podían importar limitadas cantidades de caras manufacturas del "Primer Mundo", ahora solo podían consumir aún más limitadas cantidades de manufacturas locales exorbitantemente caras y de baja calidad. Es decir, en términos reales el pobre del "Tercer Mundo" se hizo más pobre.

Las prolongadas protecciones arancelarias y el pequeño tamaño del mercado doméstico (especialmente en términos de poder de compra) hicieron imposible para las nuevas industrias financiadas por los bancos multilaterales de desarrollo crecer más allá de una pequeña escala, y por eso imposible para estas industrias proveer empleos bien pagados en algo que ni remotamente se acercara al nivel que se habría necesitado, para causar aunque sea un pequeño impacto en la pobreza y nivel de vida.

Pero la corrupción era generalizada y poderosa, y las élites locales corruptas continuaron colaborando con las corporaciones internacionales todavía primordialmente interesadas en la extracción de materias primas a un precio módico, y el sistema ha perdurado mucho más tiempo que lo que uno hubiera podido imaginarse, o pensado que fuera posible.

La Segunda gran falla de los bancos multilaterales de desarrollo en los cincuentas, sesentas y setentas, fue su negligencia en entender la importancia del capital humano y de la inversión en educación, además de entrenamiento en hacer posible alcanzar un rápido desarrollo económico y el establecimiento de instituciones democráticas que, aunque sea precariamente, funcionen. Excepto en partes de Asia, en donde la educación fue y siempre había sido un fuerte valor cultural, muy poco se hizo para reducir el analfabetismo o para proveer el entrenamiento a los cuadros técnicos y administrativos, que hubiesen sido requeridos para operar una economía industrial moderna. La Ignorancia y el analfabetismo despojaron a grandes cantidades de personas de la oportunidad y de la esperanza de un mejor futuro, contribuyendo únicamente a la perpetuación y regeneración de una vil pobreza tanto en el interior rural como en los tugurios urbanos. La experiencia de pobreza y desesperanza en esos entornos, ha indudablemente contribuido también a generar una creciente pobreza de espíritu en comunidades olvidadas alrededor el mundo, y a la consecuente explosión de criminalidad y violencia antisocial que está victimizándonos a todos.

Así que, la industrialización acelerada bajo el patrocinio de los bancos multilaterales de desarrollo en los 50s 60s y 70s a la larga resultó ser un fracaso. Al final de los 70s la estabilidad del sistema financiero internacional se vio amenazada casi al punto de colapso por los altos precios del petróleo impuestos al mundo por la Organización de Países Exportadores de Petróleo (OPEP). Los países del tercer mundo dependientes de las importaciones de petróleo vieron su factura petrolera elevarse vertiginosamente y su deuda externa crecer exponencialmente.

En un esfuerzo por evitar un colapso del gasto mundial en otros productos y el consecuente desastre financiero y económico que esto podría causar en las economías del primer mundo, los principales bancos comerciales internacionales fueron alentados por las autoridades financieras mundiales, para que "reciclaran los petrodólares" que les depositaban los países de la OPEP. Específicamente fueron alentados por las autoridades monetarias mundiales a que buscaran nuevos grandes prestatarios entre los gobiernos y agencias gubernamentales del tercer mundo. Por un tiempo quizás, se pensó inocentemente que esto traería grandes cantidades de recursos financieros frescos para apoyar en los problemas del desarrollo, y a un bajo riesgo para los prestamistas por las "garantías soberanas" que ofrecían los gobiernos prestatarios. Nunca se había escuchado (o al menos así lo ostentaban los banqueros ansiosos y sus reguladores) que un gobierno soberano cayera en una condición de impago de una obligación internacional. En el peor de los casos, si caían en mora, podrían incrementar impuestos sobre sus pueblos, pero impago, ¡nunca!

Bueno, las cosas resultaron bastante distintas, la codicia se expandió como por contagio desde los muy ansiosos prestamistas a los inescrupulosos prestatarios quienes robaron decenas y cientos de millones, y muy pronto los países pobres importadores de petróleo de buena parte del tercer mundo se encontraron con un nivel de deuda externa tan alto que no se podía tener esperanzas de pagar, ni tan siquiera los intereses. A raíz de la interrupción de los pagos, fueron congelados nuevos créditos y un tortuoso proceso comenzó –diseñado fundamentalmente para salvar el sistema financiero occidental y sus principales bancos comerciales del colapso- el cual consistía en la imposición, por el Fondo Monetario Internacional (FMI), de estrictos programas de "ajuste", incluyendo casi sin excepción una drástica devaluación de la moneda del país deudor - supuestamente para ayudar a restaurar la competitividad internacional de sus exportaciones- y una drástica reducción en el gasto público en todo lo que no estuviera relacionado con pagar la deuda externa. También fue de uso corriente la eliminación forzada de cualquier restricción impuesta por el gobierno deudor al movimiento internacional de capitales, presumiblemente para asegurar que las deudas internacionales del sector privado doméstico también fueran pagadas. Acompañando estos programas de ajuste venía la recalendarización de los pagos adeudados a los bancos comerciales y la reducción gradual del Capital adeudado a estos bancos, mediante la extensión de nuevos préstamos a muy largo plazo otorgados por bancos "multilaterales".

Las devaluaciones, por supuesto, impusieron un inmediato empobrecimiento mayor en los países que ya desde antes eran pobres –reduciendo drásticamente el valor real de los salarios domésticos en términos de los productos importados– y la austeridad fiscal significó más aplazamiento de la muy necesaria inversión en cosas tales como educación, salud e infraestructura básica. Los pobres continuaron haciéndose más pobres, mientras los ricos – y quien puede culparlos por querer hacerlo– se las ingeniaron para sostener y preservar el valor de sus activos.

Los 1980s son reconocidos generalmente como "la década perdida para el desarrollo", junto con la agitación financiera a escala global, también está caracterizada por insurrecciones armadas y revoluciones en lugares tan distantes y diversos como Perú, Colombia, Nicaragua, El Salvador, Sri Lanka y Afganistán. Preocupados por la influencia ganada sobre ellos por la Unión Soviética en los países pobres del tercer mundo, como consecuencia de las penurias económicas impuestos sobre estos, los Estados Unidos y ciertos países de Europa comenzaron a desarrollar programas que otorgaban acceso preferencial a sus mercados nacionales a países ubicados en zonas altamente amenazadas, como Centroamérica y El Caribe.

Los Estados Unidos, por ejemplo, establecieron un programa llamado "La Iniciativa para la Cuenca del Caribe" el cual establece cuotas de importación de ciertos bienes, tales como la ropa, de productores Asiáticos de bajo costo, y pone estos nichos a disposición de países "amigos" en El Caribe y en

Centroamérica. Contratistas estadounidenses, representantes de grandes firmas como Hanes y Gap fueron a los países elegibles de la región, ayudaron a organizar la producción local y suministraron materias primas, y en algunos casos, equipo para comenzar la producción. Muchos trabajos nuevos, aunque muy mal pagados, fueron creados muy rápidamente y a un relativo bajo costo en términos de inversión. La Iniciativa para la Cuenca del Caribe ayudó a mantener al lobo del comunismo a raya en esta región altamente inestable, como lo hicieron los programas similares desarrollados por las antiguas potencias coloniales de Europa, que proveyeron acceso preferencial a sus mercados para las exportaciones de sus antiguas colonias africanas.

Pero, relativamente poco progreso se hizo en términos de aliviar la pobreza. Emigraciones masivas comenzaron, y las remesas económicas provenientes de migrantes legales e ilegales en los Estados Unidos y Europa, se han convertido, en muchos países, en componentes cada vez más importantes del ingreso de divisas, en algunos casos igualando o aún superando el valor de las exportaciones. Así que, los pobres han tenido ahora que invadir los países ricos para ganarse la vida y mantener a sus familias, pero esto —a pesar de la evidente dependencia de los países ricos de la mano de obra importada barata- está comenzando a crear una fuerte resistencia política, en ningún lugar simbolizada tan dramáticamente como en los esfuerzos actualmente en marcha en los Estados Unidos, para construir una cerca de más de 2000 millas de largo por 12 pies de alto en toda la frontera entre Estados Unidos y México.

Si no fuera por los paliativos provenientes de programas como La Iniciativa para La Cuenca del Caribe, y la válvula de escape provista por la emigración tanto legal como ilegal, las condiciones en los países pobres del mundo seguramente hubiesen alcanzado un punto crítico. El sistema —en este caso el comercio internacional y el sistema monetario- han evolucionado de tal manera que han creado una trampa de pobreza de la cual es virtualmente imposible escapar.

La Trampa de pobreza: Devaluaciones de Moneda por Competitividad

En términos simples, lo que se explica a continuación es más o menos lo que ha venido ocurriendo en ciclos repetitivos.

Un país pobre en crisis acepta la necesidad de un "ajuste" interno y externo, devalúa drásticamente su moneda, restringe el endeudamiento externo y limita su gasto público hasta los huesos. Su "competitividad" ha sido así restaurada (i.e. el valor en dólares de los salarios locales ha sido reducido) industrias ensambladoras son atraídas y grandes enclaves costureros se establecen cerca de todos los puertos para maquilar blue jeans y ropa interior destinados al mercado internacional.

Gradualmente, las ganancias derivadas de las crecientes exportaciones dan lugar a demandas por incrementos salariales, aunque modestas, y por el incremento de las importaciones de ciertos bienes de consumo. Quién sabe, el país podría querer incrementar aún su capacidad de generar electricidad o de proveer agua potable a sus ciudades secundarias, y va a pedir prestado e importar para hacerlo.

Gradualmente, la tasa de cambio comienza a apreciarse desde el muy bajo valor a la que había sido reducida por el programa de ajuste. Sumado al incremento nominal en salarios otorgado en respuesta a la mejora a las condiciones internas del mercado, el país comienza a perder competitividad en comparación con otros países pobres alrededor del mundo, ya sea que se encuentren cerca o lejos. Algunos de los negocios de ensamblaje para exportación comienzan a relocalizarse en estos otros países, simplemente como respuesta a los "dictados del mercado". El pobre país comienza a perder lo que había ganado en la balanza comercial pero, en un intento de mantener las importaciones tanto de capital como de bienes de consumo –y así proteger su penosamente ganada pequeña mejoría en su nivel de vida- comienza a prestar más, aunque a corto plazo y tasas altas. El gasto deficitario también incrementa en un esfuerzo por mantener los servicios, pero esto solo conduce a más inflación y presiones adicionales para los salarios y la competitividad externa. El servicio de la deuda comienza a apretar, hasta que un día, las nuevas fuentes de crédito de corto plazo para pagar una siempre creciente cantidad de deuda de corto plazo ya vencida, repentinamente se secan, y el país está nuevamente en "crisis".

¿Qué otra cosa se hace cuando la "crisis" golpea? Llamar a los militares una vez más para sofocar los disturbios en las calles, y aceptar una nueva ronda de "ajuste" interno y externo y el empobrecimiento adicional que ello implica.

Este ciclo de devaluaciones de moneda por competitividad se ha observado una y otra vez desde los 1980s. Desencadenado la primera vez por la crisis en México (el "Efecto Tequila") luego por dificultades de pago en Rusia, y luego entre los ex tigres asiáticos –particularmente Tailandia e Indonesia- estos ciclos han forzado a los países del tercer mundo como grupo a mantener sus monedas y salarios baratos en términos de dólares americanos y euros, como parte del funcionamiento natural del sistema. Los consumidores estadounidenses y europeos han sido así mantenidos relativamente "ricos" en términos de sus posibilidades de consumir blue jeans y electrónicos baratos, mientras las poblaciones del tercer mundo son mantenidos "pobres" en términos de su imposibilidad de consumir lo necesario para satisfacer sus necesidades más básicas, incluyendo medicinas, techo y servicios de educación. Donde la penuria de la pobreza ha sido exacerbada por la sequía o la guerra la hambruna ha continuado siendo el resultado inexorable, como en Sudán.

No es necesaria la presencia de ninguna malicia en el sistema para que este produzca –y continuamente reproduzca- tales penosos y profundamente indeseables resultados. Es simple cuestión de un natural interés egoísta individual, condiciones de desigualdad extrema en riqueza y poder, y las fuerzas del mercado desatadas sin restricción de ninguna acción gubernamental que funcionara como fuerza compensadora, lo que resulta a nivel internacional – como es evidente a cualquiera que abra sus ojos y mire alrededor del mundo hoy- en que los ricos se hagan obscenamente más ricos y los pobres se hagan más y más pobres. Cuánto tiempo puede continuar esto es una pregunta que yo, por mi parte, no quisiera ver contestada.

Como una nota de cierre en la cuestión de la sistémica generación y regeneración de la pobreza a escala internacional, voy a concluir esta sección con un análisis de lo que pasa cuando la malicia es deliberadamente introducida en el sistema, como el críticamente destructivo impacto que la criminal (no hay otra palabra para denominarla) relación entre el estado totalitario de China y grandes corporaciones occidentales está actualmente teniendo sobre los pobres alrededor del mundo, incluyendo a los pobres que viven dentro de las ricas economías del "Primer Mundo".

COMERCIO MAFIOSO: LAS RELACIONES ECONÓMICAS DE CHINA CON EL OCCIDENTE

A principios de los 1970s Richard Nixon y Henry Kissinger lanzaron una nueva política de "Entendimiento" con el régimen totalitario que gobierna la República Popular de China. Esto gradualmente condujo a que China tuviera representación diplomática, membrecía en la ONU y otros organismos internacionales, reconocimiento diplomático de parte de los Estados Unidos y, a pesar de la violenta represión de las libertades civiles de parte del gobierno chino en 1989, a crecientes relaciones comerciales entre China y Occidente. Parte del interés de Estados Unidos y otras naciones Occidentales en desarrollar fuertes relaciones comerciales con China provenía de la creencia que, introducir a China en el sistema del comercio internacional ayudaría a propiciar un cambio político en China, y reducir las posibilidades de un conflicto armado. Y también provenía indudablemente de intereses más mundanos de las corporaciones Occidentales, quienes veían en China tanto un gigantesco mercado potencial para el capital occidental y bienes de consumo, como una vasta fuente de mano de obra barata disponible para la producción de bienes de consumo para el mercado internacional. En 2001 China, como si de a un culto religioso se tratara se "adhirió" a la Organización Mundial del Comercio (OMC) y se convirtió en elegible para un trato de "Nación Más Favorecida" (NMF) bajo el Sistema Generalizado de Preferencias (SGP) de la Organización Mundial del Comercio (OMC).

Esto podría estar bien sino fuera por el hecho que, a diferencia de cualquier otro miembro del tercer mundo perteneciente a la OMC, China nunca ha respetado las reglas hasta la fecha. Su enorme poder económico –estrictamente controlado por el aparato político del estado- ha hecho posible el desarrollo de enormes emprendimientos de negocios de parte de las compañías occidentales que venden en China o que, maquilan escandalosamente baratos bienes de consumo en China, lo cuales después venden en sus propios mercados con grandes tasas de ganancia. Las vastas sumas de dinero hechas por las compañías occidentales que han organizado este comercio han sido premeditadamente usadas, en parte, para manejar la opinión pública concerniente al comercio con China, para apoyar la elección y reelección de oficiales gubernamentales en los cuales se pueda confiar que continuarán apoyando el hasta ahora status quo en lo que concierne al comercio con China, a pesar del daño terrible que está haciendo al sector industrial de Occidente y a otras industrias del tercer mundo que luchan por competir, y especialmente a las fuerzas de trabajo en esas regiones que son incapaces de competir contra las ventajas especiales que se le permiten a China en sus negocios con el Occidente. ¿Y qué más? Y que como resultado están perdiendo sus trabajos, no por cientos ni miles, sino por millones.

¿Cuáles son estas ventajas especiales?

Primero, como ha sido ampliamente comentado, pero que tiene que ser visto para creerse, China viola las normas ambientales y laborales de una manera que causaría un escándalo internacional en cualquier otra parte del mundo. La resistencia pública dentro de China a tales violaciones es reprimida por lo que continúa siendo un estado policiaco totalitario, la información sobre lo que pasa es suprimida, y a los socios comerciales de occidente que se benefician de estos abusos se les confía la administración de lo que se reporta y el manejo de la opinión pública en sus propios países.

Los salarios industriales de China, aún en términos monetarios locales, son pobres en comparación a otros países del tercer mundo, y los trabajadores son tratados casi como sirvientes contratados, en muchos casos obligados a separarse de sus familias y a vivir en las barracas de las fábricas carentes de instalaciones que permitan una estancia digna. El uso de trabajo infantil y de prisioneros en instalaciones industriales que producen para exportar a Occidente ha sido ampliamente informado. La salud de la población está muy deteriorada debido a la contaminación incontrolada del aire y el agua con las emisiones tóxicas de la industria, y la destrucción del medio ambiente Chino impone grandes costos para las actuales y las futuras generaciones, tanto a las de China como a las del resto del mundo.

Todas estas violaciones a las normas mínimas observadas en otras partes del mundo sirven para reducir los costos de los bienes chinos, ayudando a sacar a los competidores del mercado.

Igual de conspicua y dañina, y con la aparente complicidad y contubernio con las autoridades monetarias mundiales, la Organización Mundial del Comercio, y los principales gobiernos Occidentales, es que le permitan a China mantener un ventaja competitiva enormemente injusta en el comercio internacional a través del mantenimiento de una escandalosa sub-valuación del tipo de cambio de su moneda.

Organizaciones como el Banco Mundial y otras que han conducidos estudios basados en la paridad del poder adquisitivo, han estimado que la moneda china está valuada sólo a un aproximado de un 40% de lo que debería ser su valor si el gobierno chino permitiera que prevalecieran en China condiciones irrestrictas de intercambio de mercado. Esto significa simplemente, que los bienes chinos deberían costar cerca de 2 ½ veces más en dólares americanos o euros de lo que cuestan actualmente[7]. Esta es obviamente una enorme ventaja competitiva en el mercado internacional, una ventaja que ha permitido a las exportaciones chinas desplazar a las previamente competitivas exportaciones manufactureras de otras naciones del tercer mundo hacia Estados Unidos y Europa, y que también ha dañado significativamente a las industrias manufactureras de algunas regiones del primer mundo mismo. Los ocasionales ajustes de 2 ó 3 puntos porcentuales a la tasa de cambio que el gobierno chino ha permitido en años recientes, en respuesta a las protestas de algunos parlamentos de Europa Occidental y de la prensa, no son nada más que una burla al tan cacareado sistema de comercio internacional representado por la Organización Mundial del Comercio (OMC) y sus miembros principales.

Todavía además, el gobierno chino continúa subsidiando industrias locales cuando considera que son estratégicamente necesarias. ¿Cómo? Principalmente, mediante la falta de cobro y recolección de los préstamos otorgados por bancos estatales a industrias exportadores también estatales. Cuando han sido presionados al respecto, oficiales del gobierno chino hacen declaraciones en el sentido de que, están haciendo esfuerzos para reorganizar las industrias deudoras y recolectar la mora, pero el tiempo transcurre y nada pasa. Nadie está en posición de hacer que algo pase, ni quiere realmente que pase, así que, con el tiempo los préstamos se convierten en subsidios públicos y subvenciones, violando todos los preceptos de la economía de libre mercado y el comercio internacional justo.

¿Por qué el gobierno chino querría absorber los costos impuestos a su propia economía a raíz de estas prácticas? En tres palabras, y justo como los comerciantes inescrupulosos del siglo XIX conocidos como los "robbers barons" dirían, para ganar *participación de mercado* y el poder de mercado que lleva

---

[7]   En el Libro Mundial de Hechos de la Agencia Central de Inteligencia de Estados Unidos (CIA) se estima, que el tipo de cambio calculado por paridad de poder adquisitivo de la moneda China en 2006 era 4 veces el tipo de cambio oficial.

aparejado. La fijación de precios predatorios siempre ha sido un instrumento de los aspirantes a monopolistas, y la intención es siempre usarlo para arruinar a los competidores más débiles, alcanzar el control sobre el mercado objetivo y generar vastas ganancias en el futuro provenientes del control cuasi monopólico del mercado. En únicamente cerca de dos décadas, China ha pasado de casi cero exportaciones a Estados Unidos a una posición donde China, con una participación aproximada de mercado del 16%, está cerca de desplazar a Canadá como la fuente individual más grande de importaciones a Estados Unidos. Su participación de mercado en las importaciones a Estados Unidos es ahora más del doble que las de Alemania o Japón, que previamente estaban entre nuestros más grandes proveedores externos. De manera similar, grandes participaciones de mercado han sido desarrolladas en otros mercados internacionales como Europa, y aún en el tercer mundo, y China se ha convertido –junto con Japón, Taiwán y Corea- en uno de los más importantes acreedores externos del gobierno de Estados Unidos, teniendo una porción substancial (cerca del 15%) de los más de 10 trillones de dólares de la deuda externa de los Estados Unidos.

China se ha convertido en indispensable, tanto como una fuente de bienes de bajo costo para mantener nuestro alto nivel de vida, y como acreedor en escala masiva que nos permite seguir la fiesta. Somos adictos y estamos atrapados. Será muy duro el día cuando –como inevitablemente va a suceder si las cosas continúan como están- el gobierno chino decida comenzar a apretar las tuercas que han laboriosamente puesto en su lugar, e incrementen drásticamente su tipo de cambio y el valor de sus exportaciones manufactureras, mientras simultáneamente rechacen continuar postergando el cobro de la deuda vencida del gobierno de los Estados Unidos.

¿Cómo el gobierno de China financia el costo de estas políticas y prácticas? Por ser un gobierno totalitario centralmente dirigido con los medios y la voluntad para desarrollar sus agendas, el gobierno chino financia el costo de destruir su competencia internacional –incluida quizás particularmente cualquier competencia que permanezca dentro de sus principales mercados objetivos-simplemente forzando el traslado de esos costos a su propia población, especialmente la menos favorecida del sector rural. Comprar participación de mercado y destruir la competencia internacional esencialmente significa subsidiar a los estadounidenses y a otros consumidores internacionales, al menos temporalmente, mientras se impone un mucho más bajo de nivel de vida a su propia población del que tendría si este no fuera el caso.

No hay "libre comercio" en el tipo de cambio de divisas en la República Popular de China. El gobierno raciona las divisas a sus industrias favorecidas para permitirles importar bienes de capital y materias primas, mientras el remanente de su enorme superávit de cuenta corriente comercial (actualmente cerca de $250 billones anuales sobre exportaciones de cerca de $1 trillón) es esterilizado mediante inversiones en activos financieros extranjeros, principalmente en obligaciones del Tesoro de los Estados Unidos. De esa manera, una gran fuente potencial de incremento en la demanda doméstica, incluyendo de importación de bienes de consumo, es ahogada en la fuente antes de que pueda trasladarse y convertirse en un incremento de precios domésticos y de salarios. Además, como fue mencionado anteriormente, las condiciones laborales en China son tales que no es posible que los trabajadores chinos se organicen o convoquen a huelgas para exigir mejores salarios y condiciones de trabajo. Sus costos, aún en términos de su moneda local, son mantenidos extremadamente bajos –en parte por estrictos controles gubernamentales sobre quien accede a los empleos y sobre la movilidad laboral interna y en parte por lo conspicuo de una inmensa población rural sub-empleada y profundamente empobrecida, que como el "ejército de reserva de desempleados" de Marx, está lista para proveer en cualquier momento los trabajadores marginales de reemplazo a un patéticamente bajo salario nominal. La fuerza de trabajo china está actualmente calculada en aproximadamente 800 millones de hombres y mujeres, de los cuales 45% equivalente a cerca de 360 millones de personas en edad productiva están subempleados en actividades poco productivas en el sector agrícola. Además se estima, que ya hay entre 100 y 150 millones de trabajadores rurales de exceso, quienes de acuerdo a la Agencia Central de Inteligencia (CIA) de Estados Unidos están a la deriva viajando entre las villas y ciudades, muchos subsistiendo mediante empleos mal pagados y de tiempo parcial. Es decir, que el gobierno chino es capaz de llevar a cabo sus agresivos programas económicos internacionales porque es suficientemente fuerte para imponer esos costos sobre su propia gente. Cuando la siguiente fase de su programa – convertir su poder en la ruina de las economías líderes de Occidente y alcanzar (recuperar, desde su punto de vista) una hegemonía de largo plazo- esté lista para ser implementada en un futuro no tan lejano, serán capaces de hacerlo porque otra vez forzarán a su población a "apretarse el cinturón" –algo que los gobiernos occidentales son básicamente incapaces de hacer en cualquier circunstancia que no sea una depresión económica o una guerra- y porque utilizarán los trillones en reservas internacionales que han estado acumulando rápidamente.

¿Por qué este descarado y destructivo abuso del poder económico y del sistema del comercio internacional es tolerado y permitido por el resto del mundo? La respuesta es simple, también. Es tolerado y permitido porque existen muy grandes y poderosas corporaciones en Estados Unidos y en otros países de Europa Occidental, que están haciendo grandes cantidades de ganancia a través de su propiedad de marcas de bienes de consumo masivo que – manufacturados a artificialmente mantenidos bajos costos en China- ganan enormes márgenes cuando son vendidos en los mercados internacionales. Estas corporaciones, cuyo egoísmo ha alcanzado un extremo aún bajo los parámetros de Adam Smith[8], se aseguran que el arreglo chino continúe como hasta ahora utilizando una pequeña porción de sus ganancias para llenar las arcas de campaña de políticos de todas las banderas y partidos. Los políticos por supuesto son fácilmente convencidos, por todos estos dólares, de la

---

[8]   Adam Smith, economista escocés del siglo XVIII que sostenía que "en el mercado, a través del egoísmo de los particulares se logra el bienestar general". Fuente: Wikipedia

sabiduría económica que yace detrás del "laisser-faire"[9], y el "arreglo" continúa a pesar de la descarada destrucción que está causando a la economía industrial de Occidente como un todo.

El "arreglo", recuerda por favor, consiste de la combinación de los siguientes elementos manipulativos los cuales han sido prohibidos universalmente por la ley, excepto en el caso de China y sus aliados en este "arreglo":

- Normas ambientales y laborales extremadamente debajo de los estándares internacionales.

- Un tipo de cambio controlado por el gobierno y atrozmente sub-valuado.

- Un mercado de cambio de divisas restringido.

- Un mercado externo controlado, tanto del lado de las importaciones como del de las exportaciones.

- Un mercado de trabajo interno restringido.

- Subsidios directos a las industrias exportadoras estratégicas, disfrazados como créditos.

- Política dictatorial y represión.

Y toda la palabrería que uno escucha en televisión acerca del daño causado a la economía de Estados Unidos por el NAFTA (Tratado de Libre Comercio de América del Norte) y el CAFTA (Tratado de Libre Comercio entre Estados Unidos, Centroamérica y República Dominicana). La verdad es que ninguna de las prácticas abusivas arriba mencionadas son permitidas a los signatarios de estos dos tratados comerciales. El problema, Sr. Lou Dobbs, es CHINA, no

---

[9]   Es una expresión francesa que significa «dejad hacer, dejad pasar», refiriéndose a una completa libertad en la economía. Fuente: Wikipedia.

NAFTA ni CAFTA, y el problema continúa porque nuestro propio liderazgo económico y político se ha vendido al enemigo.

LA DESTRUCCIÓN DE NUESTRO MEDIO AMBIENTE

En el capítulo previo, mostramos como el "sistema" trabaja –junto con todas las cosas buenas que también produce- para generar y continuamente regenerar pobreza. La pobreza no es un accidente. La pobreza no es una omisión, cierto grupo de personas a las que inadvertidamente se ha dejado afuera y atrás. La pobreza es simple y directa consecuencia del azar, del poder desigual, y los valores –los cuales son producto del sistema- que no engloban la necesidad de remediar los impactos negativos de la interacción social. Hemos mostrado como, sin necesidad de malicia ni de conspiración de parte de nadie, la pobreza podría ser generada dentro de una sociedad de iguales simplemente por algo tan arbitrario e impredecible como una sequía. La pobreza es entonces regenerada por la simple persecución de los intereses particulares de los miembros de la sociedad, quienes por los azarosos impactos sufridos en la primera ronda, ahora tienen un poder desigual y también desigual capacidad para auto protegerse. La simple, ingenua y aún "inocente" persecución de la auto preservación y auto replicación de los "ricos", tiene consecuencias negativas para los "pobres", haciendo a la regeneración de la pobreza una característica intrínseca de un sistema, que no incorpora un "mecanismo compensador" para enmendar las injusticias que pueden inicialmente ser el resultado de nada más que la casualidad.

Habiendo entendido el mecanismo mediante el cual la pobreza es generada y regenerada, podemos entonces explorar el funcionamiento del sistema en el mundo moderno en que vivimos, y encontrar numerosos ejemplos de formas en que la irrestricta persecución de los intereses de los pocos poderosos, conduce hacia la perpetuación de la pobreza de muchos. Las instituciones públicas están corrompidas e influenciadas por los poderosos –o reprimidas antes de que se puedan desarrollar- así que dejan de operar correctamente y son reprogramadas para servir principalmente para justificar y perpetuar el estado actual de las cosas.

Las aguas negras fluyen hacia abajo y ahí se quedan.

El oro, sin embargo, parece flotar. En primera instancia porque nada se hace para prevenirlo. En segunda, porque la mayoría de recursos de la sociedad están dirigidos, por aquellos que los controlan, para mantener las bombas de presión trabajando a la perfección. El sistema, cruda pero fielmente descrito, funciona de esta manera tanto dentro de las fronteras de los países del primer mundo, como en la determinación de los resultados en las relaciones ultra fronteras entre las naciones ricas y las pobres del mundo.

¿Cómo el sistema contribuye también a la destrucción de los recursos naturales del planeta? Esto, como se indicó al principio, es el segundo gran mal que enfrenta el mundo de hoy, y si pretendemos dejarles algo de recursos naturales a nuestros nietos, debemos entender como esto tampoco representa –ni un accidente ni una omisión- sino sólo otra faceta de un sistema económico y político imperfecto.

La cantidad de animales marinos en los océanos y mares del mundo se ha reducido para ser ahora sólo un 10% de lo que era hace unos 50 años. Cómo lo explica Daniel Pauly, Catedrático y Director del Centro de Vida Marina de la Universidad de Columbia Británica en una reciente entrevista:

-Ahora, no olvidemos, que la mayor parte de la tecnología que arrojamos a los océanos es tecnología militar. Todo el equipo acústico desarrollado, por ejemplo, en la segunda guerra mundial por los aliados para cazar submarinos alemanes. El GPS, que es el sistema de posicionamiento global desarrollado durante la Guerra Fría para posicionar cosas y para estudiar la Tierra en gran detalle, y ahora esta

tecnología está disponible para todos para capturar el último pez como si fuera, yo no sé, un tanque soviético

.-Así que es de hecho una guerra contra los peces lo que está describiendo.

-Sí, ciertamente es una guerra contra los peces, y lo que estoy diciendo es que la estamos ganando; hemos ganado la guerra contra los peces.

Vamos a exterminarlos hasta no dejar ninguno.

Suma al impacto de la tecnología militar en la habilidad de la industria para atrapar peces, los impactos adicionales de flotas pesqueras piratas no reguladas que proliferan, las cuales usan dinamita y cianuro para aturdir y capturar peces, y los efectos de la destrucción de los manglares, los desperdicios, fertilizantes y pesticidas que son tirados envenenando el hábitat y la piel de muchas especies marinas, y puedes ver porque un creciente número de biólogos marinos están diciendo que ya no deberíamos comer pescado en ninguna cantidad, a pesar de los bien conocidos beneficios nutricionales para la humanidad.

El suelo fértil se está perdiendo a una tasa alarmante, estimada en cerca del 20% del suelo fértil mundial entre 1950 y 1990.

A pesar de una masiva publicidad y una gran retórica, las selvas continúan siendo destruidas alrededor del mundo, particularmente en los trópicos pero también en la gran llanura siberiana, para crear espacio para las plantaciones agrícolas en la primera, y simplemente en la tala de especies de árboles de lento crecimiento para extraer maderas y pulpa en la segunda. Las pérdidas anuales de selva cubren un espacio equivalente al área total de países como Grecia, Siria, Hungría o Nicaragua.

Finalmente, los expertos predicen que el mundo habrá perdido irremisiblemente cerca de un 20% de todas las especies que actualmente viven sobre la tierra, en sólo los siguientes 30 años. Cerca del 23% de los mamíferos, y un incalculable número de plantas, insectos y peces desaparecerán para siempre.

¿Con qué derecho y bajo la autoridad de quién se está realizando este masivo e irreparable daño a los recursos naturales del planeta? ¿Cómo podemos seguir permitiendo una destrucción tan licenciosa e irresponsable del patrimonio de nuestros hijos? Lo que solía ser ignorancia se ha convertido en crimen, y cualquier dinero que estén haciendo estas industrias responsables de este pillaje no es nada más que un robo. Se tiene que detener esto. Se necesita que se le ponga un alto a estas industrias, para eso se necesita un gobierno dirigido por políticos que tengan un sentido de responsabilidad, y que puedan de alguna manera encontrar el coraje para decir NO a los millones que les brindan esos ladrones. ¿Por qué la industria persiste en prácticas de producción que destruyen los fundamentos naturales de sus propias actividades? Simplemente porque hay una falta de hacer cumplir las reglas que los forzaría a absorber los costos, que ellos están ahora convirtiendo en externalidades negativas de producción e imponiéndolas a la sociedad, incluyendo a las futuras generaciones, y porque no hay un mecanismo para identificar y castigar a los "parásitos" quienes son difíciles de excluir de la industria en cuestión, a pesar de sus prácticas abusivas.

Como un ejemplo, a pesar de la gigantesca sobrepesca de la mayoría de los recursos pesqueros del mundo y el daño de largo plazo que está causando – incluyendo la posible extinción de numerosas especies- la industria pesquera mundial no solo no está siendo forzada a absorber el costo que están imponiendo sobre el resto de nosotros, sino que además recibe subsidios masivos – estimados en tanto como 30-40% del costo de la pesca- provenientes de la mayoría de países que tienen una gran flota pesquera. Además, las llamadas flotas piratas que operan bajo una variedad de banderas de conveniencia, continúan pescando en aguas protegidas y utilizando tecnologías prohibidas, a pesar de los esfuerzos de buena fe que la industria pesquera legítima pueda estar haciendo para reducir el daño que está causando. Así que los gobiernos –lejos de proteger los intereses de largo plazo de sus ciudadanos- están de hecho subsidiando la continua y acelerada destrucción de un recurso común, mientras dejan de asignar los recursos necesarios para controlar los abusos de los auto proclamados piratas, quienes van detrás sólo del dinero fácil a pesar de la irreversible destrucción a los recursos naturales marinos comunes que puedan estar causando.

Esto no es lo que yo llamaría democracia en acción, aunque a algunos podría parecerles que lo es. Esta no es la manera en que debería trabajar el sistema, aun cuando sea la manera en que las cosas siempre han sido.

La historia es bastante similar en el caso de otros recursos, incluyendo el manejo o mal manejo de los suelos, agua potable y de los bosques. Gobiernos corruptos y laxos continúan permitiendo que los intereses privados trasladen una gran porción de los costos derivados de sus actividades "productivas" a otros segmentos de la sociedad, y hasta utilizan impuestos, provenientes de las utilidades duramente ganadas por sus ciudadanos en otras actividades, para subsidiar la sobre explotación de los recursos naturales.

¿Por qué pasa esto? Porque nosotros permitimos que pase. Mientras nosotros, como ciudadanos bien informados y responsables de la Tierra, no demandemos que estos abusos se detengan, puedes estar seguro que continuarán. Esta es sencillamente la manera en que funciona el sistema.

ALIENACIÓN CRIMINALIDAD Y VIOLENCIA

Te podrías preguntar ¿Cómo tan extremos y obvios males pueden ser considerados como parte del sistema?

En gran medida, yo contestaría: estos males son derivados de la extrema pobreza de un gran número de personas que –como vimos anteriormente- es quizás generada por el azar en un principio, pero la cual es sistemáticamente regenerada como parte del natural funcionamiento del sistema. Junto con la pobreza obviamente viene la inseguridad, el miedo, la desesperanza, la ira, el resentimiento y la alienación que fácilmente pueden dirigirse hacia, como en el caso de las pandillas urbanas, la criminalidad y la violencia.

La criminalidad y la violencia, que por razones sistémicas aún no han sido enumeradas, proveen una manera de "ganarse" la vida –quizás la mejor que tienen disponible- a un gran número de jóvenes pobres, se convierten en parte de la cultura y la "salsa", que es regenerada y transmitida de generación en generación dentro de los confines de estas, cada vez más grandes, islas de pobreza proliferando por todos lados entre nosotros.

Además de eso, yo argumentaría que la alienación es producida y reproducida por el sistema al menos en alguna medida porque los individuos alienados y desorganizados son mucho más fácil de manipular y gobernar –mucho más fácil de controlar- que las personas unidas por valores y creencias comunes en organizaciones independientes. La familia extendida ha casi desaparecido en mucho de lo que llamamos "Primer Mundo", y aún la familiar nuclear está desintegrándose. Los divorcios ahora superan en número a los matrimonios, y por diversas razones entre ellas económicas, los hijos tienden a dejar el hogar inmediatamente después de graduarse de secundaria y se dispersan lejos, tanto que la interacción familiar queda reducida principalmente a las ocasionales reuniones por los feriados u otras ocasiones especiales. Los viejos en este llamado Primer Mundo, son cada vez más frecuentemente institucionalizados por sus familias cuando lo pueden pagar, de otra manera son institucionalizados por el Estado. En gran número, los viejos son simplemente abandonados para que terminen sus días en la calle. Teniendo pocos lazos familiares y comunitarios, y careciendo de algún soporte social fuerte y confiable, los individuos en este "valiente" nuevo mundo son criados en un constante barullo de violencia y mensajes alienantes, que van desde un punto de vista del mundo fundamentalmente basado en la creencia de que la competencia Darwiniana de "sobrevivencia del más apto" es una tendencia innata afincada muy dentro de nosotros a la constante e "inminente" amenaza de "terrorismo", hasta la desconfianza y el miedo al maestro, al pastor y al vecino. Los individuos alienados viviendo de esta manera finalmente pierden la habilidad de actuar, o aún de pensar por ellos mismos. Con pocas interacciones humanas o alianzas fuera del trabajo o la familia inmediata, se convierten en criaturas sólo de su trabajo, el televisor, el centro comercial y el bar deportivo, y no constituyen ninguna amenaza ni reto al orden de cosas establecido, ni para aquellos que lucran de él. Divide y vencerás. Aísla y dominarás. Es bastante de la misma idea.

El crimen y la violencia pueden crecer en parte por la pobreza y en parte por la deliberada alienación del individuo, como vimos arriba, pero también existen porque dejan buen dinero a poderosos individuos e instituciones, y es el principal medio de asegurarse el dominio y perpetuación del sistema.

El valor al menudeo del comercio internacional de drogas es estimado en algo cerca de $400 billones de dólares anuales. Eso es más o menos el Producto Nacional Bruto de Argentina, un país de más de 40 millones de habitantes. ¿Cuánto de ese dinero no queda repartido entre productores, procesadores, traficantes, distribuidores, policías, jueces, oficiales gubernamentales, fiscales, aún ministros y presidentes que facilitan el tráfico? ¿Cuán ansiosas pueden estar todas estas personas por ver el comercio de drogas desaparecer? Especialmente, desde el punto de vista de los controladores del sistema, cuando las drogas son un medio efectivo y conveniente de distraer a la juventud, a la vez que debilitan su carácter y resolución y debilitan su capacidad de meterse en otros, más políticos, tipos de problemas, al mismo tiempo le dan a las autoridades un pretexto para encarcelar a los más voluntariosos y rebeldes entre ellos.

¿Será coincidencia, y no tendrá relevancia política el hecho de que en Estados Unidos, la vasta mayoría de sus dos millones de población prisionera está compuesta de hombres jóvenes negros provenientes de los guetos empobrecidos del cinturón de pobreza urbano, que han sido encarcelados bajo cargos relacionados con drogas? Mientras los jóvenes blancos de clase media de los Estados Unidos son adormecidos por el canto de sirena de las drogas y la vida licenciosa. Grandes ganancias y control social, todo envuelto en un solo regalo.

El crimen de cuello blanco de toda clase es endémico en los Estados Unidos y en otras partes del primer mundo, al grado de causar grandes trastornos a importantes componentes del sistema tales como la bolsa de valores, y los mercados inmobiliarios y de financiamiento hipotecario. Igual que su contorno criminal, el sistema está fuera de control y bordeando el colapso. Tomando el ejemplo de fraudes como el de Michael Milken e Ivan Boesky quienes hicieron millones inescrupulosamente en los 1980s, los Gerentes Generales y Financieros de compañías respetables como ENRON y Arthur Andersen LLP desfalcaron y robaron a millones en los 1990s, contribuyendo a alimentar la burbuja financiera en la bolsa de valores que finalmente explotó cuando su conducta criminal fue hecha pública. Habiendo perdido la confianza –el activo principal de una institución financiera pública como la bolsa de valores- el público inversionista incluyendo grandes instituciones que manejan carteras billonarias de fondos de pensiones y reservas de seguros, se lanzaron de cabeza hacia los mercados de bienes raíces y de instrumentos financieros respaldados con hipotecas, transfiriendo la burbuja de un segmento de la economía a otro y únicamente difiriendo el dolor que está siendo sentido por el público en general como resultado de los excesos del sistema.

La siguiente lista, copiada casi palabra por palabra de las páginas de Internet de Wikipedia (buscar "accouting scandals" disponible en Inglés) te da una idea de cuánto el sistema ha quedado fuera de control en términos de lo borrosas –o tal vez hasta el desaparecimiento- de las líneas que demarcan la frontera entre la búsqueda honesta de ganancia y la más pura criminalidad.

Listas de Compañías Envueltas en Escándalos

Cuatro grandes firmas de auditores:

(Las firmas de auditores se listan, seguidas de algunos clientes seleccionados involucrados en escándalos contables)

-Deloitte & Touche: Adelphia, AES, Duke Energy, El Paso, Merrill Lynch, Reliant Energy, Rite Aid, Parmalat

-Ernst & Young: AOL Time Warner, Dollar General, PNC Bank, Cendant, HealthSouth

–KPMG: Citigroup, Computer Associates, ImClone, Peregrine, Xerox, Siemens AG, Banco Nacional S.A (Brazil), BMW Group

–PricewaterhouseCoopers: Bristol Myers, HPL, JP Morgan Chase, Kmart, Lucent, MicroStrategy, Network Associates, NKFS, Tyco

Predecesores y otras firmas de auditores de Estados Unidos.

– Arthur Andersen: CMS, Cornell, Dynergy, Enron, Global Crossing, Halliburton, Liberate Technologies, Martha Stewart Living Omnimedia, Merck, Peregrine, Qwest, Sunbeam Products, Waste Management, Inc., WorldCom.
Arthur Andersen era una de las principales firmas de auditores; fue acusada de obstrucción de la justicia por destruir documentos requeridos en las audiencias del caso Enron.

-Coopers & Lybrand LLP: Network Associates, Phar-Mor.
Coopers & Lybrand y Price Waterhouse se fusionaron en 1998 para formar Pricewaterhouse Coopers (ver arriba).

-Gutierrez & Co.: Vivendi

– Grant Thornton: Parmalat

Fuente: WIKIPEDIA

Buscar: "accounting scandals"

¿Cómo es posible?

- ¿Merril Lynch?

- ¿RiteAid?

- ¿AOL Time Warner?

- ¿Citigroup?

- ¿Xerox?

- ¿JP Morgan Chase?

- ¿Kmart?

- ¿Lucent?

- ¿Halliburton?

- ¿Merck?

- ¿Sunbeam Products?

- ¿WorldCom?

- ¿Vivendi?

- ¿Parmalat?

¿Cuál de entre las mayores corporaciones no está involucrada en fraude criminal contra el público? ¿Qué le pasó a nuestro sistema? ¿Quiénes están en control y dónde nos están llevando?

Más allá del crimen por sí mismo, la violencia de toda clase ha envuelto al mundo moderno, especialmente las partes más occidentalizadas, comenzando con los Estados Unidos. Una buena parte de la violencia que nos envuelve se origina en la actividad criminal de una u otra clase, y se explica por las actividades criminales mismas.

Después está una violencia antisocial, cuyas víctimas son aleatorias, que se deriva de la alienación. Jóvenes muchachos matando a sus padres y hermanos en sus propias casas. Jóvenes madres ahogando a sus bebés, o tirándolos en botes de basura. Escolares acechando los pasillos de la escuela con rifles automáticos, segando la vida de sus compañeros y profesores, para después apuntar las armas contra sí mismos y quitarse la vida. Nada más que un suicidio planeado y dramatizado, realmente.

¿Y qué me dices de todos los suicidios en solitario? Aún en los países escandinavos –donde casi no se escucha de asesinatos- están viendo tasas de violencia auto-destructiva que nunca hubieran imaginado entre las generaciones anteriores.

La violencia de las formas más extremas es omnipresente en las películas y en la televisión –pervertida, sangrienta, extrema- convertida en caricaturas para hacerla apta para niños (?!) y siempre presente, ya sea para aterrorizarnos hasta que adoptemos un estado de sumisión pasiva, adoptemos nuestro modo de auto destrucción o entumecernos hasta la catatonia, Yo no sé.

¿Por qué hay tanta violencia en las películas y en la televisión? ¿Será quizás para vendernos la inevitabilidad de otras formas de violencia institucional que impregnan nuestro sistema, para habituarnos a aceptar su existencia como simplemente un hecho de la vida? Como sugerí arriba, algunas clases de violencia están relacionadas con la criminalidad y, consecuentemente, a los factores sociales que generan la criminalidad. Algunas clases de violencia son manifestaciones de extrema alienación, que condiciona a unos individuos contra otros en nuestra sociedad moderna, y consecuentemente, esta clase de violencia está relacionada con los factores que engendran la alienación.

Pero, ¿Qué de la violencia institucional calculada y organizada - desde el asesinato político hasta desatar guerras por ganancias especulativas y por el control de recursos naturales- también es eso parte integrante del sistema y de su funcionamiento? ¿Qué me dices de la violencia la cual es deliberada y fríamente perpetrada por nuestros gobiernos contra nuestros propios conciudadanos y contra nuestros propios vecinos?

Solía ser –al menos de acuerdo a la ley si no siempre en la práctica- que las naciones recurrieran a la violencia contra otra, únicamente como un último recurso, y únicamente con el claro e informado apoyo de la mayoría de la población expresado formalmente a través de sus representantes popularmente electos. Ahora, alegre y fácilmente lanzamos misiles o bombardeamos áreas populosas –asesinando y mutilando hombres, mujeres y niños por igual- simplemente por la sospecha que *terroristas* u otros enemigos fantasmas pueden esconderse allí. Invasiones y guerras a gran escala –con un costo de miles y miles de vidas, destrucción masiva y el desperdicio de cientos de billones de dólares- son emprendidas por supuestos gobiernos *democráticos* sin ninguna declaración formal de guerra proveniente de legislatura elegida alguna, y simplemente por la sospecha de que el antiguo aliado ahora convertido en enemigo, *podría* – a pesar de cualquier cantidad de evidencias y testimonios en contrario- estar produciendo armas de destrucción masiva.

Aún ahora, después de años de imponer un innecesario sufrimiento sobre nuestras víctimas y sobre nuestras desinteresadas tropas y sus familias, nuestros supuestos líderes y sus partidarios hablan alegre y abiertamente de extender la guerra a otras naciones vecinas de las actuales zonas de guerra, y a otras más distantes –ahora Irán, después Corea- soñando, supongo yo, con el día en que podamos decir que hemos de una vez por todas mandado a todos nuestros enemigos al infierno, y el último hombre de pie se encuentra ahora entre los cadáveres y las humeantes cenizas que un valiente nuevo orden mundial ha moldeado a nuestra propia y bendecida imagen.

Sería difícil imaginar cuantas patologías están envueltas en todo esto, pero son numerosas, profundas y complejas. Como es evidenciado por los hechos, estas patologías se han apoderado de un gran número de nuestros líderes y amenazan con

"Duro de Matar" (Titulada así en Hispanoamérica) (*"Live Free, or Die Hard!" –original Inglés*) ¡Que gran título para una película! ¡Caramba! ¿Podemos verla otra vez? ¿Por favor?

Otras de las más publicitadas 10 películas en el 2007:

"No es país para viejos" (Titulada así en España) "Sin lugar para los débiles" (Hispanoamérica) ("No Country for Old Men" –original Inglés) - ¿Se referirán a los Estados Unidos? La historia comienza cuando Llewellyn Moss encuentra una camioneta pick up rodeada por una guardia de hombres muertos. Un cargamento de heroína y dos millones de dólares en efectivo están todavía en la cama del pick up.

"Pozos de ambición" (España) "Petróleo Sangriento" (Argentina/México) ("There Will Be Blood"-original Inglés) Una desparramada historia épica sobre la familia, la ambición, la corrupción, y la persecución del sueño americano.

"El Ultimátum de Bourne" (España) "Bourne: El Ultimátum" (Hispanoamérica) ("The Bourne Ultimatum" –original Inglés) Todo lo que él quería era desaparecer. En lugar de ello, Jason Bourne es ahora perseguido por las personas que lo hicieron lo que es. Habiendo perdido la memoria y la persona que amó, no puede ser detenido por la descarga de balas de una nueva generación de asesinos altamente entrenados.

Zodiaco ("Zodiac" -original Inglés) Un asesino en serie camina por las calles de San Francisco a mediados de los años 1970s.

También de destacar, 2005:

Syriana – Un operativo encubierto de carrera de la CIA es asignado a una misión en Beirut. Queda atrapado en un complot secreto contra un Príncipe del Golfo Pérsico. Un agente de bolsa especialista en petróleo, quien se ha hecho amigo del Príncipe, lo aconseja de cómo puede mejorar su país con las ganancias del petróleo una vez que el Príncipe se convierta en Emir. Las compañías petroleras no quieren que el Príncipe se convierta en Emir, porque él quiere sacar del país las bases militares de los Estados Unidos y construir la infraestructura del país. El Príncipe también quiere hacer la paz con otras naciones en el Golfo Pérsico y no botar dinero en cosas superfluas como carísimos aviones de guerra. Una vez que estén unidos ellos controlarán su propio destino a través del control de su petróleo. Entonces tenemos una fusión de dos compañías petroleras bajo la supervisión del Departamento de Justicia, y a un adolescente pakistaní quien pierde su trabajo en el campo petrolero y es reclutado como bombardero suicida. Todos terminan despedazados a bombazos al final, pero el petróleo continúa fluyendo.

Criminalidad, alienación, la búsqueda de riqueza y hegemonía sin restricciones. El arte reflejando a la vida y de vuelta hacia ti, otra vez, como siempre.

CAPÍTULO III
¿QUÉ PASÓ? ¿CÓMO PASÓ?

Alcanzado este punto, tal vez hemos mostrado satisfactoriamente que – abandonado enteramente a sus propios mecanismos- el sistema de libre mercado, a pesar de ser un medio tan importante y efectivo, para movilizar el esfuerzo individual y producir eficientemente, no es confiable para resolver las situaciones críticas y extraordinarias de nuestro tiempo: pobreza, la destrucción del medio ambiente y la desintegración de la sociedad. Esto no es nada nuevo. Como se señaló anteriormente, incondicionales de la democracia y el capitalismo como Theodore Roosevelt, Franklin Delano Roosevelt, and John Fitzgerald Kennedy todos reconocieron y aceptaron el hecho de que, como Galbraith lo puso, el gobierno –actuando en nombre de y por el bien común- tenía que estar listo a ejercer un "poder compensador", para compensar el poder del "complejo militar-industrial" (Eisenhower) y guiar el funcionamiento de la economía basada en el mercado para que produzca un resultado más equitativo, sostenible y justo.

¿Qué está pasando entonces? ¿Por qué nuestro gobierno no está siquiera intentando cumplir este rol actualmente? ¿Por qué el mensaje general expuesto por los propagandistas y la sabiduría tradicional prevalente en países como los Estados Unidos, es que el gobierno no debe intervenir de ninguna manera con el funcionamiento de la economía de libre mercado, a pesar de sus fallas y defectos que nos miran tan descaradamente a la cara? ¿Por qué nos continuamos tragando todo?

La respuesta, como todos nosotros ya sabemos, es dinero y poder. El dinero y todas las distorsiones estructurales en nuestro sistema que el dinero ha sido capaz de ir poniendo gradualmente en el lugar adecuado, para que ahora tengamos algo que parece cualquier cosa excepto "soberanía del consumidor" o "libertad". Lo que el sistema parece, crecientemente en los Estados Unidos y en el resto del "Primer Mundo", es una encubierta y escondida dictadura de intereses corporativos que han utilizado nuestras instituciones públicas y gubernamentales, particularmente los medios de comunicación, para establecer y mantener un medioambiente estable para su variante del materialismo productivista, una ideología que sostiene: (1) que Dios no existe o que Dios no importa; (2) que el máximo bien es la riqueza, alcanzada por la eficiencia en la producción a través de tecnología avanzada y el trabajo; y, (3) que cuanto más un individuo sea capaz de acumular y consumir en su vida, mejor.

EL SECUESTRO DE NUESTRO GOBIERNO Y DE NUESTRAS INSTITUCIONES PÚBLICAS

Tal vez sea bueno en este momento, hacer un paréntesis para explorar puntos de vista de algunos eruditos que nos han precedido y quienes –hace más de cincuenta años- han dado un marco de análisis que continúa siendo válido hoy.

En la sección que comenzamos más abajo citamos extensamente un libro publicado en 1956 por el politólogo y sociólogo americano Wright Mills llamado en Inglés "*The Power Elite*" (*La Élite del Poder*)

"La autoridad", escribió Mills, "es poder que es explicito y más o menos *voluntariamente* obedecido; la manipulación es el ejercicio *secreto* del poder, desconocido para aquellos que son influenciados. En el modelo clásico de sociedad democrática, la manipulación no es un problema, porque la autoridad formal reside en el público mismo y en sus representantes quienes son creados o destruidos por el público. En la sociedad completamente autoritaria, la manipulación no es un problema, porque la autoridad está abiertamente identificada con las instituciones gobernantes y sus agentes, quienes pueden usar la autoridad explícita y abiertamente. Ellos no tienen, en el caso extremo, que ganar o retener el poder mediante el ocultamiento de su ejercicio."

"La Manipulación se convierte en un problema donde sea que hombres tengan poder que esté concentrado y sea deliberado, pero que no tengan autoridad, o cuando, por cualquier razón, no desean usar su poder abiertamente. Entonces los poderosos buscan gobernar sin mostrar su poder. Ellos quieren gobernar, como quien dice, secretamente, sin legitimación publicitada. Es en este caso mixto – como en la realidad prevaleciente en los Estados Unidos de hoy- que la manipulación es una vía principal de ejercer el poder. Pequeños círculos de hombres están tomando decisiones, las cuales ellos necesitan que sean por lo menos autorizadas, por gente indiferente o recalcitrante sobre quienes ellos no ejercen una autoridad explícita. Así, el pequeño círculo trata de manipular a esta gente para que servicialmente acepten, o que alegremente apoyen sus decisiones y opiniones –o al menos a que rechacen cualquier posible opinión contraria."

"La autoridad reside formalmente *en el pueblo,* pero el poder es de hecho ejercido por un pequeño círculo de hombres. Esa es la razón por la cual la estrategia estándar de manipulación es hacer aparentar que el pueblo, o al menos un gran número de personas del pueblo, *realmente tomaron la decisión.* Esta es la razón por la que, aún cuando la autoridad esté disponible, los hombres con acceso a ella pueden todavía preferir las secretas y calladas formas de manipulación."

"¿Pero, no está la gente ahora más educada? ¿Por qué no enfatizar la propagación de la educación más que los efectos crecientes de los medios masivos? La respuesta, brevemente, es que la educación masiva, en muchos aspectos, se ha convertido en otro medio de masas."

"La principal tarea de la educación pública, como ha venido ampliamente siendo entendida en este país, era política: hacer ciudadanos más informados y de esa manera mejor preparados para pensar y juzgar los asuntos públicos. Con el tiempo, la función de la educación cambió de política a económica: entrenar a las personas para desempeñar trabajos mejor remunerados y así salir adelante. Esto es verdad especialmente en el movimiento de secundaria, el cual ha satisfecho la demanda de los negocios por habilidades de cuello blanco a costa del dinero del público. En gran parte la educación se ha convertido en meramente vocacional; en lo que a su tarea política concierne, en muchas escuelas, aquella se ha reducido a entrenamiento de rutina de lealtades nacionalistas."

Teddy Roosevelt luchó decididamente contra la patente forma de abuso autoritario de nuestra democracia ejercida por hombres de negocios inescrupulosos, conocidos como los "robber barons", y sus monopolios. Hizo algunos progresos por algún tiempo, pero no suficientes para evitar que regresaran estruendosamente en los 1920s, cuando sus descarados abusos y excesos condujeron directamente al Crac de la Bolsa de 1929 y a la Gran Depresión, que duró por más de una década. Durante aquel tiempo y durante la Segunda Guerra Mundial, Franklin Delano Roosevelt fue capaz de diseñar un sistema en el cual el poder del gobierno fuera, al menos en intento, ejercido en beneficio público y en cierto grado como un contrapeso al irrestricto poder del sector privado corporativo.

Pero algo comenzó a pasar después de la Segunda Guerra Mundial. C. Wright Mills pudo verlo en los inicios de los 1950s y Dwight David Eisenhower nos advirtió sobre ello en 1960. John Fitzgerald Kennedy trató de luchar contra esto, presionando a la industria del acero por un lado y a la CIA y al alto mando militar por otro.

Fue asesinado. Y no, como los manipuladores quieren todavía hacernos creer, por un "pistolero solitario desquiciado". Una gran cantidad de evidencia, que ha sido meticulosamente recolectada a través de los años, indica muy fuertemente que él fue asesinado por individuos asociados con la Mafia, elementos de la Inteligencia de los Estados Unidos involucrados en esfuerzos encubiertos para derrocar a Castro, y la comunidad de exiliados cubanos anti castristas. El asesinato fue encubierto por el gobierno de los Estados Unidos al más alto nivel, ya sea para esconder otros cómplices o para proteger al público de una fea y quizás destructiva verdad, esto falta por ser determinado.

Pero el hecho es que fue deliberadamente asesinado por grupos poderosos actuando tras bambalinas y que desde su muerte, el sector corporativo de los Estados Unidos, imitado en mayor o menor medida en el resto del "Mundo Occidental" -un mundo definido por la Gran Guerra Fría en su lucha contra el comunismo soviético- ha estado continuamente consolidándose y extendiendo su poder y control sobre la mayoría de aspectos de la vida diaria, económica, cultural y política.

Algunas en otro tiempo poderosas instituciones tales como la Academia y la Iglesia han sido sistemáticamente debilitadas, y el complejo militar-industrial-gubernamental-comunicaciones está ahora sólidamente en control. A pesar de los valientes intentos de algunos aislados escritores y personalidades de los medios, lo más probable es que permanezca en control en un futuro indefinido.

¿Por qué? Porque en el transcurso de las décadas, orgánicamente y en respuesta a los dictados naturales y demandas del poder, ellos han sido capaces de reestructurar a su conveniencia nuestro sistema. Es ahora *su* sistema, y funciona para regenerar y extender su poder primero, mientras nos mantiene a nosotros callados, segundo. A menos y hasta que un gran número de nosotros se de cuenta de lo que ha pasado, entienda al menos en parte como esto ha pasado, cambie nuestro pensamiento y movilice una fuerza para reclamar nuestra "soberanía" sobre nuestra vida económica, política y cultural aquella es simplemente la manera en que las cosas van a continuar siendo.

ALGUNOS ERRORES DE DISEÑO

Tal vez, para comenzar y en parte, porque nuestros Padres Fundadores y los ideólogos europeos de la democracia del siglo XVIII nos vendieron una visión irrealista e impráctica de la igualdad, que tenía que ser restringida –aunque subrepticiamente y en letra pequeña- desde el principio.

"Un hombre, un voto" tiene un atractivo simplista enorme como slogan ideológico, pero es una noción muy radical y nunca se ha permitido que funcione enteramente, y probablemente nunca se permita, hasta que una igualdad mucho más grande en recursos y educación se haga realidad sobre este planeta Tierra.

En los inicios de los Estados Unidos, por ejemplo, el voto estaba limitado a los hombres libres blancos, quienes además reunieran los requisitos de propiedad individual de su Estado. Además el gobierno de hecho era conformado indirectamente por representantes electos, introduciendo una distancia adicional entre el votante y su gobierno, y un elemento adicional de conservadurismo en la manera de gobernar.

Las mujeres no eran generalmente educadas en alto grado en aquella época, y por eso no se podía esperar que estuvieran informadas de los asuntos mundanos. Y cómo, se preguntaron los fundadores, ¿Cómo podría un trabajador por contrato recientemente inmigrado de los barrios pobres de Londres, tener los mejores intereses de la nueva nación tan cerca del corazón, como el dueño de una plantación o molino quien había arriesgado todo para verla lograr su libertad? Aparte de la justicia o injustica de esto, ¿Cómo en términos prácticos podría esperarse de alguien sin educación y hasta analfabeto, entendiera todos los aspectos de un buen gobierno en la misma extensión que las tradicionalmente bien educadas élites, imbuidos como estaban en la historia del mundo, desde los tiempos de Pericles hasta los propios?

Poniendo toda la retórica a un lado, en la práctica, ellos obviamente pensaron que de "un hombre, un voto" no podría esperarse que produjera seguridad o buen gobierno, y se instituyeron restricciones desde el principio.

En Europa, un temprano experimento con una radical forma de democracia fue aplastado en Francia, y con una bastante reducida y localizada oposición quizás, una forma de monarquía u otra –ligada al imperialismo colonial- continuó sosteniendo el dominio al menos hasta principios del siglo XX.

Inglaterra ciertamente avanzó más en desarrollar su democracia parlamentaria durante el siglo XIX, pero siempre bajo una fuerte supervisión de parte de la aristocracia, ejercida a través de la Cámara de los Lores, y más directamente, por la misma monarquía.

Así que no debería sorprendernos que, cuando las mujeres y otros grupos previamente desarraigados finalmente fueron capaces de ganar algo de igualdad, y cuando otras condiciones directas que restringían el acceso al voto fueron gradualmente retiradas, las clases gobernantes –el "establishment" que controlaba la riqueza de las sociedades de Occidente- recurrieron a otros medios para tratar de asegurarse de que los resultados de los procesos electorales "democráticos", que habían sido forzados a aceptar, continuarían cumpliendo su necesidad de seguridad en sus personas, en sus posesiones materiales y en las posiciones que ocupaban dentro de la sociedad –es decir, en su riqueza y en su poder.

Por muchas décadas, extendiéndose hasta principios del siglo XX las élites gobernantes en Estados Unidos y cualquier otra parte, comúnmente recurrieron a una amplia variedad de medios primitivos para evitar que ciertos grupos poblacionales ejercieran su derecho al voto, desde comprar los votos de otros, hasta rellenar urnas electorales con votos falsos, y en general a "arreglar" los resultados de las elecciones celebradas para elegir a los funcionarios en todos los niveles del gobierno. Prácticas similares continúan en nuestros días en muchos países pobres que se llaman así mismos democracias, pero donde el poder efectivo continúa altamente concentrado y las prácticas electorales no están sujetas a ninguna clase de escrutinio público serio.

En las democracias más "avanzadas", medios más elaborados y sofisticados han sido desarrollados para que las élites gobernantes retengan el control efectivo del proceso electoral.

LA CREACIÓN Y TOMA DE CONTROL DE UN MERCADO POLÍTICO DE MASAS

A principios del siglo XX en los Estados Unidos, y tal vez algo más temprano en Europa Occidental, un proceso de expansión a nivel nacional y consolidación de los principales medios de comunicación comenzó a tener lugar. Periódicos como el "Wall Street Journal" y el "New York Times" comenzaron a publicar ediciones regionales en varias partes del país, en su camino a convertirse en periódicos a nivel nacional. Otros precursores de los conglomerados de medios de comunicación gigantes de hoy, las cadenas de periódicos de Hearst y Pulitzer, comenzaron a comprar periódicos regionales a lo largo de la nación, muchos de los cuales mantuvieron su identidad local pero convirtiéndose en sujetos de un control central tanto editorial como comercial. Este proceso, que se replicó luego en las industrias de la radio y la televisión, hizo posible por primera vez generar y diseminar un mensaje nacional unificado, dirigido a –y en parte ayudando a crear por primera vez en la historia- un mercado nacional unificado para todo, desde hojuelas de maíz hasta ideas y candidatos políticos.

El acceso al mercado nacional –tanto como a los más estrechos mercados estatales y locales- se convirtió en indispensable para cualquier candidato en búsqueda de un puesto público a nivel nacional. Pero tener acceso al mercado nacional no es barato.

Los medios de comunicación y específicamente la televisión, se han convertido en la puerta de entrada a los cargos públicos en el mundo moderno. Sin acceso pagado y enormes gastos en publicidad, que colectivamente ahora alcanzan los billones de dólares en una campaña presidencial en los Estados Unidos, ningún candidato puede llegar a ser conocido ni muchos menos lograr capturar la imaginación del público elector. Las candidaturas políticas y los puestos públicos, particularmente a nivel nacional, están ahora restringidos al dominio ya sea de los muy ricos o los muy comprometidos con los muy ricos, en particular las principales –ahora transnacionales- corporaciones y compañías financieras que ejercen un abrumador poder económico en el mundo de hoy.

Lo que ha pasado entonces –con el transcurso del tiempo, y si quieres, bastante *naturalmente*- es que los requerimientos de propiedad exigidos para votar han sido reemplazados por requerimientos para postularse. El resultado es prácticamente el mismo que siempre ha sido –únicamente aquellos con propiedades determinan efectivamente quienes serán electos a los cargos públicos.

Y si ustedes–los propietarios- controlan quienes pueden ser candidatos y quienes pueden ser electos, entonces, por supuesto, ustedes también controlan como, y en los intereses de quien van a gobernar.

EL "SUPER BOWL" POLÍTICO Y LA REGLA DE ORO: "QUIEN TIENE EL ORO HACE LA REGLA"

El sistema electoral, particularmente en los Estados Unidos, guarda muchas analogías con los deportes profesionales. Dos partidos –para efectos prácticos sólo dos partidos/ligas- se permiten organizar y administrar el deporte –ya sea beisbol, fútbol, hockey o la Presidencia- para el beneficio de los dueños y unos pocos jugadores estrellas. Tal como con los jóvenes atletas, un elaborado sistema de busca talentos y reclutadores monitorean el desempeño de los jóvenes políticos al nivel local, identifica a aquellos prometedores –se necesita una combinación de carisma, ambición y maleabilidad- y los provee de los recursos que necesitan para progresar a través de las ligas menores hasta llegar a las mayores. Aquellos que logran llegar a las mayores tienen un similar nivel de habilidad y entrenamiento, así que hay en realidad muy poca diferencia entre un equipo y otro y entre una liga y la otra. Pero produce un deporte muy excitante y entretenido para el público votante que observa el desarrollo del juego, lo que mantiene al público quieto y fuera de problemas mientras las riquezas siguen fluyendo para los dueños y unos cuantos jugadores estrellas.

En palabras de Ralph Nader[10] "Se ha llegado a un punto en que ya no puedes distinguir Demócratas de Republicanos en Estados Unidos. Ambos partidos están totalmente comprometidos con las Corporaciones Americanas". "Los Políticos," continúa él, "han sido corrompidos no sólo por el dinero, sino por haber sido banalizados para referirse a las grandes y persistentes cuestiones de quién controla, quién decide, quién posee, quién paga, quién tiene voz y acceso". Aquellas cuestiones mejor son decididas por los dueños.

Como se demostró anteriormente, "una persona, un voto", es de hecho, un estándar excesivamente poco realista. Donde disparidades muy grandes en riqueza, educación y acceso a la información existen –en gran parte del Tercer Mundo hoy, igual que en naciones ricas como los Estados Unidos que tienen un alto grado de desigualdad- el ejercicio estricto de igual sufragio puede contribuir al surgimiento de demagogos y a mucha inestabilidad ideológica. Así que, podría ser prudente considerar introducir explícitamente alguna clase de sistema de voto ponderado, basado en la edad y en logros académicos, quizás. Este debería ser un tema sujeto de investigación seria, análisis y discusión política en los próximos años.

---

[10]   Ralph Nader (nacido el 27 de febrero de 1934) es un activista y abogado estadounidense que se opone al poder de las grandes corporaciones y ha trabajado durante décadas cuestiones de medio ambiente, los derechos del consumidor y asuntos pro-democracia. Nader fue el candidato presidencial del Partido Verde en las elecciones presidenciales de Estados Unidos de los años 1996 y 2000.

Lo que no podría estar más claro en este momento, sin embargo, es que la situación actual en la que el sistema es subrepticiamente amañado por el dinero es completamente inaceptable. A menos que se cambie, será imposible para el gobierno jugar el tan necesario rol de defensor del interés público, justa y democráticamente ejerciendo su poder compensador para compensar y controlar la masiva, pero antidemocrática, fuerza de las corporaciones y de las instituciones monolíticas como el ejército profesional. Si el gobierno no es habilitado para que juegue otra vez su papel compensador, entonces es inevitable que la lógica interna del materialismo irrestricto y el simple, universal, primordial impulso de cada organismo y cada organización de preservar y extender su poder, pronto nos dirigirá a la catástrofe mientras los "males" de la extrema pobreza, la destrucción medioambiental, y la desintegración social crecerán mas allá de umbrales críticos e irreversibles.

El día vendrá, más temprano que tarde.

Es tiempo de actuar.

FUERA DEL ALCANCE DE LA LEY

Pensando acerca del rol adecuado del gobierno en el ejercicio de sus poderes compensadores para regular los posibles excesos del sector corporativo, es importante mantener claramente en mente que la corporación moderna ha, de muchas maneras, escapado ya del control de cualquier gobierno individual. Las corporaciones modernas son verdaderamente entidades transnacionales, que operan en una multitud de jurisdicciones y controlan recursos que en muchos casos hacen parecer pequeños a los de todos excepto a los de los gobiernos nacionales más grandes. Las corporaciones transnacionales son capaces de efectivamente "ir de compras" por el mundo buscando legislaciones que sean favorables a sus estrechos intereses, especialmente en términos de tratamiento impositivo generoso, y de aplicaciones laxas de las leyes ambientales y laborales. Las corporaciones son fácilmente capaces de "quebrar" gobiernos que se oponen a sus deseos, y, poniendo al uno contra el otro, forzar a gobiernos a competir por obtener sus favores en detrimento de los intereses de sus ciudadanos y los de otros países. A menos que se establezcan mecanismos pronto, que permitan alguna clase de cooperación transnacional efectiva entre gobiernos para aliviar las aflicciones críticas comunes del mundo –extrema pobreza, destrucción del medio ambiente y de nuestros recursos naturales, y la desintegración social y la violencia- cualquier idea de gobiernos individualmente ejerciendo un poder compensador y control sobre las acciones destructivas de la corporaciones transnacionales es totalmente absurdo.

CAPÍTULO IV

¿QUÉ SE PUEDE HACER PARA PROMOVER EL CAMBIO?

Hasta ahora hemos estado viendo qué está mal con nuestro "sistema", y cómo llegó a ser de tal manera. Esa fue la parte relativamente fácil. Aunque algunos de nosotros quizás no hemos estado dispuestos a analizar con profundidad el funcionamiento del sistema, quizás ni siquiera dispuestos a reconocer el carácter intrínseco de sus fallas, ni quizás siquiera dispuestos a ver sus varias fallas como un todo y la relación de unas con otras, no hay nada en las secciones anteriores de este ensayo que no haya sido dicho anteriormente. Lo que ha sido añadido, tal vez, es el concepto de que las conductas normales buscando el propio interés a veces pueden dirigirnos a resultados altamente indeseables, y que el "sistema" bastante naturalmente produce –internamente, como parte integrante de su funcionamiento- evidentes e inaceptables "males" tales como pobreza extrema, la destrucción de nuestros recursos naturales y la intensificación de la violencia en todos los niveles de la existencia humana.

Ahora que sabemos que son nuestras propias acciones las que nos dirigen a estos resultados, ahora que sabemos que las cosas se están poniendo peor, no mejor, y ahora que nos hemos dado cuenta de que tenemos los medios de hacer algo al respecto, ya no hay más escapatoria de nuestra responsabilidad de actuar, consciente y deliberadamente, para ponerle un final a estos males antes de que estos nos pongan un final a nosotros.

Somos responsables, y depende de nosotros arreglar el sistema. Podemos hacerlo.

¿Dónde y Cómo Comenzar?

Bueno, un enfoque, que se sigue aquí, es pensar primero en aquellas cosas que cada uno de nosotros puede comenzar a hacer inmediatamente –que únicamente dependan de nuestras propias consciencias individuales, decisiones y compromisos- y que puedan comenzar a tener un impacto inmediato. Es posible que nos desanimemos por el pensamiento de que, nuestras acciones individuales aisladas sólo pueden promover muy pequeños cambios. Tal vez sea así. Tal vez no. En verdad hay suficientes de nosotros quienes estamos listos para un cambio y que estamos dispuestos a cambiar nuestras propias conductas individuales, todos unidos, podríamos tener un gran impacto aún en el muy corto plazo.

Piensa sólo del posible impacto de una elección –que viene pronto- que pudiera traer a individuos verdaderamente frescos, limpios y comprometidos a posiciones de poder. Este es un ejemplo de una gran decisión, hecha conjuntamente por muchas personas. Como veremos abajo, hay un gran número de decisiones que encaramos diariamente, que también tienen el potencial de sumarse a algo grande.

Así que, démosles un chance.

Como segundo paso, podemos comenzar a pensar en cambios que pueden tomar un poco de más tiempo en traerse a la práctica, quizás por que requieren construir nuevas organizaciones y de que tenga lugar una acción legislativa concertada. Estas cosas pueden no producir impactos inmediatamente, pero podrían cambiar drásticamente nuestro mundo dentro de un período de más o menos cinco años. Eso es, por supuesto, de hecho mucho más pronto de lo que suena, y para realizar ese trabajo también necesitamos comenzar a tomar algunas decisiones básicas ahora.

En tercer lugar hay un número de cosas que requerirían que tengan lugar cambios más fundamentales, tales como el nivel de cooperación internacional y/o realizar ciertas enmiendas importantes a leyes fundamentales tales como constituciones nacionales, tratados y estatutos internacionales. Aquí, tenemos que ser por supuesto mucho más tentativos, pero es posible sugerir algunas áreas de discusión y análisis, y animar a otros a comenzar a pensar sobre cambios fundamentales que necesitan promoverse de una manera no violenta, y de cómo comenzar en ese proceso.

Se presume que esta clase de cambios tomarán generalmente más tiempo en realizarse –tal vez una década más o menos- pero no necesariamente tiene que ser así. Yo creo que nos vamos a encontrar que una vez nos embarquemos en este viaje, miraremos alrededor, solo para descubrir cuantos otros están también acompañándonos en el mismo viaje. Mi creencia –mi fe más profunda- es que somos multitud, y que juntos tenemos el futuro en nuestras manos.

Lo que es evidente para mí, sin embargo, es que cualquier clase de cambio significativo y duradero que podamos promover debe venir de cada uno de nosotros individualmente primero, para luego esparcirse de manera no violenta a través del intercambio y la aceptación voluntaria de las ideas, desde el interior al exterior y desde abajo hacia arriba. Los intentos históricos de realizar cambios rápidos en una escala masiva forzando estos desde arriba hacia abajo o desde el exterior hacia el interior han terminado, sin excepción, en desastre.

Piensa sólo en la destrucción masiva y el sufrimiento al que ha sido sometida la humanidad durante el siglo pasado, cuando uno u otro demagogo visionario – de la derecha o de la izquierda- trató de imponer un cambio rápido a través de medios revolucionarios violentos. Millones y millones fueron asesinados sin necesidad, el progreso económico y social estancado en vastas regiones del mundo, sin ningún resultado final positivo.

La violencia puede únicamente ser justificada en caso de defensa propia contra una amenaza inminente, y siempre que no haya otros medios disponibles para defenderse. Comencemos por aceptar esta lección de la historia, y disciplinémonos para ser más pacientes y perseverantes, y especialmente para tener más fe en nuestra propia habilidad como seres humanos para desarrollar y poner en práctica enfoques más racionales y humanos para nuestro propio autogobierno.

PASO 1: ATERRIZAR NUESTRAS CREENCIAS

Cosas que podemos comenzar a hacer inmediatamente –que únicamente dependen de nuestras consciencias, decisiones y compromisos individuales- y que pueden comenzar a tener un impacto inmediato.

¿Qué es lo primero que podemos hacer?

He pensado largo y tendido sobre la respuesta a esta pregunta y muchas posibilidades me han venido a la mente, pero siempre he regresado a dos palabras que en última instancia significan lo mismo: "Amor" y "Dios".

La primer cosa que yo creo que todos tenemos que entender desde el principio es el *por qué* buscamos cambiarnos a nosotros mismos y al mundo que nos rodea, aún cuando esto requiera lucha y aún cuando esto duela. Tiene que ser porque creemos –en el fondo y cada uno a su manera- que las otras personas importan, que el mundo importa, y que existen cosas en este mundo más importantes que nuestras vidas individuales y la satisfacción de nuestros caprichos. Existen cosas en este mundo que son asombrosas e increíbles, que nos dejan impresionados y boqui abiertos cuando pensamos en ellas. Cosas que son "sagradas".

Una de ellas es el Amor.

Amor de padre, amor de hijo. Amor de esposo. Amor a la patria. Amor de Dios.

¿De dónde viene todo esto y por qué?

Los desesperadamente científicos entre nosotros pueden responder, "El amor es una emoción adaptativa (cualquier cosa que eso pudiera ser) que aumenta la cohesión entre miembros de un grupo reproductivo de individuos, incrementando de ese modo su capacidad de sobrevivir".

Oh, ¿de verdad? Puede muy bien ser todo eso, pero es obviamente también mucho más, como casi todos nosotros podemos atestiguar por experiencia personal. Y ciertamente no es una emoción necesaria para la supervivencia, como el éxito de numerosas especies lo demuestra. Las bacterias y las cucarachas, lagartos y espátulas rosadas están bien, ¡gracias!, sin que se observe ninguna tendencia a dejar caer sus mandíbulas inferiores en sobrecogimiento y asombro.

Así, ¿Qué es el amor y de dónde viene?

¿Quién sabe?

Pero, está ahí. Como parte de nosotros, así como nosotros somos parte del mundo que nos rodea.

¿De dónde viene la idea de belleza? ¿Por qué, otra vez, aquella sensación de sobrecogimiento y asombro cuando se contempla una tormenta eléctrica de verano, una puesta de sol espectacular, o la imagen de una distante nube de galaxias? ¿Cuál es el beneficio de eso? ¿Para qué sirve?

¿Quién sabe?

Pero, está ahí. Innegable e imponente. Como una fuente de significado.

¿Y qué de la vida en sí misma? ¿De dónde viene y para qué sirve?

¿Quién sabe?

¡Nadie!

Pero, maravilla de todas las maravillas, está ahí.

Tú estás ahí. Yo estoy aquí.

¿De qué se trata todo esto? ¿Para qué?

¿Quién sabe?

Pero, podemos especular.

Una muy famosa y bastante intrigante especulación se le debe al físico austríaco ganador del premio Nobel, Erwin Shrödinger, uno de los pioneros de la teoría cuántica, además de contemporáneo y amigo de Albert Einstein. Shrödinger escribió un libro a mediados de los 1940s titulado "*¿Qué Es La Vida? Y Otras Teorías*" en el cual define la vida como entropía negativa. Entropía, como lo establece la Segunda Ley de la Termodinámica, es la tendencia de todos los sistemas cerrados en el universo a moverse unilateralmente desde estados de mayor a menor energía, hasta llegar finalmente a una condición de inactividad. Las cosas vivientes, observó Shrödinger, exhiben una característica opuesta al menos localmente, moviéndose desde estados de organización y energía menores a mayores, en parte tal vez por la absorción de energía del ambiente circundante.

Aunque claramente el concepto es demasiado estrecho para acercarse a *definir* un fenómeno tan grande y tan diverso como es la "vida", la entropía negativa es al menos un ejemplo en el cual los físicos reconocen, pero por supuesto no pueden explicar enteramente, la existencia de alguna clase de fuerza organizadora dentro del universo observable. De hecho justo en el medio del universo observable (tal vez auto observado) manifestada por el reflexivo científico mismo.

Sí, la vida es parte del Universo. Es la parte que conocemos más íntimamente, pero quizás de la que conocemos menos. Está en todos los lugares que conocemos de la Tierra, y probablemente en el Universo aún desconocido. Nosotros las cosas vivientes somos parte del Universo, y nosotros los humanos somos parte de esa parte la cual también parece tener los atributos de consciencia y auto consciencia. Pero la vida se extiende mucho más allá de nosotros mismos y es extremadamente difícil de definir, yendo mucho más allá de lo que hemos permitido que los científicos nos definan.

Una de tales definiciones estándar, proveniente de una de mis fuentes de información favorita, La Wikipedia, es la que sigue:

"Propiedades comunes a los organismos vivientes –plantas, animales, hongos, bacterias y otros organismos unicelulares- son una compleja organización de células con una base de agua y carbón y con información genética heredable. Ellos: (1) experimentan metabolismo; (2) poseen capacidad de crecer; (3) responden a estímulos; (4) se reproducen; y, (5) a través de la selección natural, se adaptan a su medio ambiente en sucesivas generaciones.

Una entidad con las características arriba mencionadas es considerada un organismo viviente, esto es un organismo que está vivo de ahí que pueda ser llamado una forma de vida. Sin embargo, no todas las definiciones de vida consideran que todas estas propiedades sean esenciales. Por ejemplo, la capacidad de tener descendencia con modificaciones es a menudo considerada como la única propiedad esencial de la vida. Esta definición permite incluir a los virus, que no califican bajo definiciones más estrechas porque son acelulares y no metabolizan".

Fuente: Wikipedia

Tampoco los virus se reproducen por ellos mismos, sino que únicamente pueden reproducirse entrando al núcleo de una célula y reemplazando el DNA de la célula con el propio, forzándola a que reproduzca el virus en lugar de a sí misma. Hasta qué punto el virus "crece" (como opuesto a replicarse) y hasta qué punto responden a los estímulos es también cuestionable. Así que, en el caso de los virus, estamos ya muy cerca de que se desvanezca el punto de diferenciación entre la "vida" y la "no vida" del lado microscópico. Esto es todavía más dramático en el caso de los priones –unas muy pequeñas y extrañas cosas que pueden infectarnos a los humanos y a otras especies y que se cree son los causantes de "la enfermedad de las vacas locas" y la enfermedad de Creutzfeldt-Jakob- los cuales no poseen ácido nucleíco y no "evolucionan".

Proveniente de Wikipedia otra vez:

"Las partículas infecciosas que poseen ácido nucleíco dependen de él para su continua replicación. Los priones sin embargo, son infecciosos por su efecto en las versiones normales de la proteína. Por eso, la esterilización de priones supone la desnaturalización de la proteína a un estado dónde la molécula ya no es capaz de inducir un pliegue anormal en las proteínas normales. Sin embargo, los priones son bastante resistentes a la desnaturalización por proteasas, calor, radiación, y a los tratamientos con formalina, aunque su infecciosidad puede ser reducida por tales tratamientos."

Fuente: Wikipedia

Lo que arriba se está diciendo (reemplaza "muerte" en lugar de "la desnaturalización") es que los priones son muy difíciles de matar. De hecho, el artículo de Wikipedia citado continúa diciendo que se puede "desnaturalizar" los priones presionándolos con altas temperaturas por extensos períodos, pero entonces, también apunta el artículo, bajo ciertas circunstancias es posible "re-naturalizar" el prion desnaturalizado, o sea, de alguna manera, traerlos de regreso a la "vida".

Los científicos han especulado que las proteínas pueden ser formadas "naturalmente" (de que otra manera, me pregunto, podrían haber llegado aquí) chisporroteando electricidad sobre una sopa molecular en un ambiente rico en metano (o algo como eso) parecido a lo que se supone existió durante los primeros años de existencia del planeta Tierra.

El punto para mi es que –en el lado de lo micro- parece estar claro que no existe una frontera "definitiva" entre la "vida" y la "no-vida", y que parecería que todos los seres materiales, incluyéndonos a nosotros mismos, se relacionan unos con otros a lo largo de una continuidad, y puede de hecho, que seamos todos partes de "la misma cosa".

También hay especulaciones interesantes en las que uno puede darse el gusto de penetrar del lado de lo macro. Una de las cosas más fascinantes que los astrónomos son capaces de observar y de hablarnos al respecto es la "vida" de las nebulosas, estrellas y galaxias en el Universo observable. Aquí otra vez, ejemplos de movimiento en dirección a estados más altos de organización (de entropía negativa) se encuentran por doquier, en toda clase de objetos astronómicos continuamente cobrando existencia y evolucionando en alguna clase de balance cósmico eterno con la fuerza entrópica. Igual y opuesto y aparentemente eterno.

Tomado como un todo (cualquier cosa que esto pueda significar en el contexto de lo infinito) tendríamos que decir que el Universo constituye un "sistema cerrado", no hay "otro" lugar del cual pudiera sacar energía. A pesar de eso claramente manifiesta entropía negativa en todos lados, y aparentemente, siempre lo ha hecho.

¿Está el Universo "vivo"?

Me pregunto.

Parece estarlo, en algún sentido.

Y todo es uno solo, ¿no es verdad? Incluyéndonos a nosotros.

¿Por qué es todo esto importante, y traído a consideración en un libro que trata de los defectos en nuestro sistema económico y político, y de las cosas que podríamos hacer para corregirlos?

Creo que todo esto es importante porque, como individuos buscando la visión y el valor necesarios para levantarnos en acción, y la fuerza para perseverar en aquella acción, necesitamos cimentar nuestras convicciones en un marco moral que sea "más grande que nosotros mismos" y capaz de ser concebido como "universal" y "verdadero". También necesitamos saber que tan lejos podemos llegar, cuales son los límites que debemos imponer a nuestras propias acciones, y de dónde vienen esos límites.

En el pasado, nuestros Padres Fundadores creían que aquella visión, aquel coraje, aquel marco moral y aquellos límites, venían de su Dios y de su Religión.

Está bien. Esa era una buena manera de verlo en aquel tiempo.

Pero, desafortunadamente, y quizás esta sea sólo otra manera más a través de la cual el sistema moderno[11] busca aislarnos unos de otros y despojarnos de nuestro poder de actuar independientemente, para muchos de nosotros, incluyéndome, las nociones convencionales de Dios y los principios de las religiones organizadas tradicionales ya no son capaces de atraer nuestra imaginación, nuestra credulidad o nuestra fe. Al no poder creer en las religiones de nuestros padres, tenemos que explorar nuestras vidas y el mundo por nosotros mismos buscando alternativas, doctrinas más creíbles, o quedarnos satisfechos con un existencialismo vacío que no justifica nada y lo justifica todo a la vez.

Yo creo, que el primer paso para ser capaces de hacer cambios en nuestras vidas que puedan ayudar a arreglar el sistema, es encontrar nuestra propia base moral y metafísica para nuestras acciones y creencias. Cada uno de nosotros necesita emprender su propia búsqueda, aunque podemos por supuesto comparar notas y compartir nuestras experiencias y puntos de vista en el camino.

Ese es el primer paso que todos debemos tomar, y que muchos de nosotros hemos sido desanimados de tomar, para comenzar un proceso que pueda tener

---

[11]   A diferencia de nuestros Padres Fundadores, quienes sacaron fuerza y legitimidad de sus concepciones de la divinidad y la ley "natural" la cual para ellos decía, que cada uno de nosotros individualmente tiene valor, y que hemos sido "dotados por nuestro Creador con ciertos derechos inalienables, a la vida, a la libertad y a la persecución de la felicidad..."

el poder y la fuerza de promover la clase de cambios que deben ser realizados si queremos cambiar el curso que llevamos, y ayudar a hacer realidad una justa, sostenible y alegre existencia para todos nosotros que compartimos la aventura de la vida en la Tierra.

Yo, por mi parte, he llegado a creer que toda la vida y toda la existencia, en todo tiempo y en todo lugar, es "Dios".

"Todo" = "Dios"

"Todo" es maravilloso y "bueno", un regalo, que simplemente "es".

Como regiones de alta entropía en el universo físico, el "mal" es ya sea una incompleta percepción de la realidad (no realmente "mal", únicamente necesario, como en el caso de la muerte) o simplemente la localizada y temporal "ausencia" de "bien" (de Dios, de amor, de vida, de belleza...).

Nosotros somos parte de "Dios".

Aunque "Dios" no sea, yo no creo que lo sea, algo como una "persona", "Dios", al menos en la medida que nosotros existimos y somos "conscientes", parece tener alguna forma de consciencia.

Nosotros somos, aparentemente, una de las partes conscientes de Dios. Como parte de Dios = Universo, somos parte de la parte auto-consciente del Universo (viviente).

Por nuestras acciones y nuestras elecciones, somos capaces de hacer evidente –de manifestar- la existencia de Dios en el Universo, y en efecto, la equivalencia misma entre Dios y el Universo. Al final, podemos fluir con y afirmar la fuerza de la vida –y disfrutar un más alto y maravilloso nivel de consciencia- o ignorar nuestras propias vidas y nuestra propia realidad, nuestra propia milagrosa participación en la maravilla de la "Creación".

Es más una cuestión de actitud y de ejercicio consciente de la voluntad que cualquier otra cosa.

Lo expuesto arriba y ninguna otra cosa más –sólo la celebración de la innegable y maravillosa existencia de la "vida", del "amor" y de la "creación"- es suficiente, en mi caso, para darle a mi vida un sentido de propósito (la mayor parte del tiempo), para guiar mis acciones en un sentido afirmativo, y para mostrarme donde están los límites.

En particular, yo estoy dirigido a buscar servir a "Dios" en mi vida, y a ayudar a hacer manifiestas la maravilla y la gloria de la vida y la existencia. Me dirijo hacia luchar contra mi propia codicia y egoísmo tanto como sea capaz. Estoy invitado a buscar amor, y a albergar esperanza. Estoy obligado a renunciar a la violencia en todas sus formas como medio de alcanzar mis propias ambiciones y deseos.

Me hacen ser humilde los asombrosos regalos que he recibido, y estoy agradecido por ello. Busco oportunidades para restituir, en lo que pueda.

Esa es mi fe. Eso es lo que me guía para tratar de hacer mejor las cosas.

Declarar Amor. Encontrar a Dios y aprender a amar a Dios.[12] Ese es el primer paso que yo creo que tú y yo debemos tomar antes de unirnos.

---

[12] Toma nota que no he dicho "Encuentra Religión". Las religiones en el curso de la historia humana han resultado en gran medida en la politización y explotación de la fe y creencia de las personas, con muchas trágicas consecuencias. Las "religiones" seculares son igualmente peligrosas e históricamente han conducido a iguales o mayores excesos, como en los movimientos del humanismo revolucionario, todos motivados por la búsqueda de justicia social, que condujeron a tanta carnicería humana durante el siglo XX. Así que, permite que tu fe guíe tu política, pero conserva separadas la fe de la política.

PASO 2: UNIRNOS

Después de asegurarte el marco moral que necesitas, y después de entender de donde viene y como funciona nuestra realidad compartida, el siguiente paso claramente tiene que ser buscar otras personas quienes estén de acuerdo en que algo efectivo tiene que hacerse para eliminar los tres grandes "males", que nuestro actual sistema no solamente no parece ser capaz de abordar sino, de hecho, parece perpetuar activamente.

Nadie puede lograr nada significativo solo. Tenemos que unirnos para intercambiar nuestros puntos de vista, consolidar y fortalecer nuestras ideas, y juntar nuestros recursos para apoyar un programa de acción.

Hay muchas maneras de hacer esto, especialmente con las increíbles tecnologías de comunicaciones personales que están disponibles ahora para nosotros. Muchos sitios en Internet ofrecen a las personas la oportunidad de formar grupos de interés de toda clase, y de compartir información en una escala y alcance que nunca se habían visto antes. Usadas creativamente estas herramientas serán útiles para proveer múltiples vías de comunicación entre nosotros y construir gradualmente las organizaciones –comités de planeación, acción y proyectos, tanques de pensamiento, publicaciones, nuevos partidos políticos alternativos- que serán necesarias para darle sustancia y realidad a los cambios que queremos promover.

Este proceso de unirnos debe comenzar localmente. No es suficiente con sólo establecer contacto virtual. También es necesario ser capaces de reunirnos físicamente en grupos de vez en cuando, ser capaces de tener intercambios más abiertos y de libre alcance, y ser capaces de construir los lazos personales y los compromisos que le van a dar fuerza a los movimientos en el futuro.

PASO 3: PONER NUESTRAS CREENCIAS EN ACCION

Más allá del muy importante paso de contactar a otros y comenzar a organizarse en grupos de discusión y acción, hay muchas, muchísimas cosas que nosotros como individuos podemos hacer para comenzar a ejercer presión en el sistema.

Muchas de estas cosas han sido hechas ya por mucha gente. Podemos unirnos a ellas, para hacer este movimiento más fuerte, más rápidamente.

Para comenzar, podemos cambiar la manera en que gastamos nuestro dinero.

Muchísimo dinero, en los Estados Unidos, Europa, Japón y entre los acomodados alrededor de este mundo loco es desperdiciado en nada más que hedonismo y auto-gratificación, en ostentación y en el alivio del aburrimiento. Esto es patético y puede ser cambiado por ti y por mí, por todos nosotros, ya que en mayor o menor medida, casi todos somos culpables en algún grado de auto-indulgente desperdicio.

Olvídate de Las Vegas y Cancún. No hay nada que esté pasando allí que importe de todas maneras, así que dejemos que se quede allí y se pudra. Viaja a Sri Lanka o a Nepal. Conoce Sierra Leona, Ghana o Tanzania. Viaja a Nicaragua o a Perú. En todo caso, visita una comunidad en un vecindario pobre en tu propia ciudad, o visita una Reserva India en el Suroeste Americano. Conoce algunas personas reales y mira cómo viven. Capta algo de su alegría, admira su fortaleza, date cuenta que son tus hermanos y hermanas, y entiende que su dolor debe ser tu dolor.

Compra un Chevy o un Toyota en lugar de un Hummer o un Mercedes, y pon la diferencia en inversión social. Existen en estos días un gran número de vehículos que te permitirían poner algo de dinero a trabajar de maneras socialmente productivas. Puedes seleccionar en Internet (mira http://www.kiva.org/) de entre miles de solicitudes desde de grupos comunitarios hasta de pequeñas empresas alrededor del mundo, y hacerles un préstamo para un propósito productivo. Lo más probable es que se te reembolse el préstamo, con intereses y con amor. Cualquier cantidad de grupos de inversión social alternativos que operan alrededor el mundo, y su información de contacto pueden encontrarse fácilmente en Internet.

Compra productos que tengan el logo de la FairShare Foundation (Fundación Comparta). Este logo significa: (1) que la compañía fabricante del producto portador del logo ha auto-certificado su adhesión a altos estándares de responsabilidad social y ambiental; y, (2) que 5 centavos de cada dólar que la compañía fabricante o dueña de la marca recibe por las ventas, contribuyen a un fondo de inversión social administrado por la FairShare Foundation (Fundación Comparta).

La FairShare Foundation (Fundación Comparta) (mira: http://www.fairsharefund.org), la cual ha sido incorporada en el Estado de Maryland y ha sido reconocida por el Servicio de Impuestos Internos (Internal Revenue Service (IRS)) de los Estados Unidos con el status de exenta de impuestos, fue establecida por mí y un pequeño grupo de profesionales en desarrollo económico para administrar un fondo de inversión social, cuyo objetivo es financiar pequeños proyectos productivos en comunidades desfavorecidas en cualquier lugar del mundo, con el propósito de ayudar a los recipientes a construir pequeños negocios o de otra manera ayudar a mejorar la situación económica de su comunidad.

A la larga, los fondos provistos por la FSF están supuestos a ser reembolsados para reabastecer, lo que esperamos, sea un siempre creciente fondo de recursos disponibles para inversiones sociales con propósitos productivos alrededor del mundo.

Si no se ha hecho todavía, por favor que alguien establezca un tipo de Guía del Consumidor publicada en línea, que sirva como sitio de referencia enfocado a evaluar y clasificar el desempeño medioambiental y social de las principales corporaciones y sus productos.

El *Monitor Multinacional* hace este trabajo, pero tiene un relativamente limitado número de lectores. Tal vez *Consumer Reports* (la Guía del Consumidor) estaría interesada en ampliar el alcance de sus evaluaciones y clasificaciones, y muy probablemente se encontraría con fuerte evidencia de una demanda potencial para tal servicio. Mándales un E-Mail, y déjales saber lo que piensas.

Mientras tanto, sitios en Internet tales como http://www.care2.com/ y otros parecidos, proveen mucha información útil que te ayudará a realizar mejores elecciones de consumo.

Aún si no puedes ser 100% consistente, puedes reducir la cantidad de tu dinero que va a países con normas laborales y medioambientales deficientes –tales como China en particular- y a compañías con un historial de indiferencia por tales cuestiones.

Casi todos tenemos algunas acciones de bolsa en estos días, ya sea directamente o a través de un fondo de inversión o plan de retiro. Si tú todavía no lo sabes, investiga que compañías están incluidas en tu portafolio de inversión, y entérate de lo que representan. La mayoría de los sitios de internet corporativos en estos días incluyen una página de "Relaciones con los Inversionistas", donde se encuentran los reportes anuales y otra información pertinente la cual puede ser vista o descargada. En los Estados Unidos la Comisión de Valores (Securities and Exchange Commission (SEC)) publica todos los informes que están obligadas a presentar las corporaciones y estos se pueden encontrar en la siguiente dirección:

http://www.sec.gov/edgar/searchedgar/webusers.htm

Si tú posesión de acciones de bolsa es a través de un fondo de inversión o un plan de retiro, puedes contactar al administrador del fondo para que te dé información sobre el ejercicio de tus derechos de voto. También si hay cuestiones que involucran las actividades y políticas de una corporación en particular que tú creas que amerite el esfuerzo, tú y un grupo de individuos que piensen de la misma manera pueden comprar acciones de esa compañía y participar activamente en los asuntos de esta a través de la participación en las juntas de accionistas, realizando peticiones a la administración, y haciendo circular comunicados a otros accionistas. Por supuesto, tal actividad emprendida por ti y tu grupo dentro de la estructura de las comunicaciones internas de la compañía y los procedimientos de votación, también puede ser divulgada recurriendo a los medios de comunicación y al internet en un esfuerzo por reunir apoyo adicional para tus posiciones.

Aunque un análisis detallado de las reformas necesarias en las leyes que regulan la administración de las corporaciones está más allá del alcance de este libro, nosotros podemos ciertamente señalar acciones inmediatas que están disponibles a individuos que trabajando, como si fuera, "dentro del sistema" promueven algún cambio en la dirección correcta. La reforma a las reglas y prácticas que regulan la administración de las corporaciones también será destacada abajo como un área prioritaria para la investigación, análisis y acción legislativa en el mediano plazo.

En el espíritu de comenzar a hacer algo *ahora* aún cuando sólo pueda ser hecho desde "dentro del sistema", deberías unirte y participar en alguna organización política nueva o ya existente en tu localidad, ya que esto te dará la oportunidad de intercambiar puntos de vista con otros individuos con los mismos intereses, y construir una plataforma que te permitirá presionar efectivamente a la estructura política existente desde abajo hacia arriba por los cambios que te afecten más directamente.

Una Agenda para la Acción Colaborativa en el Mediano Plazo

Mientras hay una gran cantidad de cosas que pueden ser hechas individualmente o a nivel de grupos pequeños, cambios institucionales y legislativos más profundos requerirán que individuos y grupos pequeños desarrollen y afinen sus plataformas individuales, y que se encuentren entre ellos o que encuentren otras organizaciones grandes pre-existentes, que les permitirán propugnar masivamente por los cambios contenidos dentro de sus plataformas.

No podemos hacer más que sugerir algunas cuantas ideas e indicaciones en este punto, lo cual intentaremos abajo. Aunque debería tomar únicamente unos pocos meses el echar a andar el proceso, tomará tiempo para que las ideas se difundan, maduren y desarrollen, y para que los grupos se unan para formar organizaciones y una agenda común y amplia, que pueda ser apoyada por un gran número de personas. Teniendo claramente en mente el objetivo de deshacernos de los tres grandes "males" que actualmente caracterizan nuestro sistema, debemos:

- Detener la regeneración y perpetuación de la pobreza.

- Detener la destrucción de nuestro medio ambiente.

- Detener la violencia y la desintegración de la comunidad humana.

Los puntos claves sugeridos para su inclusión en la agenda de acción de amplio alcance para el mediano plazo incluyen los siguientes.

Que Realmente Ningún Niño Se Quede Atrás

Supuestamente desviado por el 9/11 y todo lo que ha venido después, el programa de educación de la administración Bush "Que Ningún Niño Se Quede Atrás" fue uno de los más cínicos engaños políticos alguna vez perpetrados contra el pueblo americano. Este programa presentado como el corazón y el alma de un nuevo "conservadurismo compasivo" resultó no ser nada más que una farsa, una actuación del presidente Bush y compañía cuyo continuo engaño del público americano, desconcertantemente exitoso a la luz de su evidente llana y banal ineptitud, sólo comenzando por este programa.

Menos mal, se irán luego.

Por ahora, lo importante es remediar el daño causado, y hacer buenas las promesas, presentando programas reales que puedan asegurar que la administración Bush sea recordada como la última que alguna vez dejó una generación de niños americanos atrás.

¿Qué debe ser hecho?

Desarrollar y proveer de fondos a programas públicos y privados en los niveles local, estatal y federal que aseguren –sin tolerar más excusas- que *todos* los niños en los Estados Unidos tengan acceso a una adecuada nutrición, buen cuidado de la salud, y una buena educación funcional y moral por lo menos hasta el nivel de secundaria.

El proceso de desarrollar e implementar tal programa debe ser tanto de abajo hacia arriba -involucrando totalmente a todos los actores que deben tener un rol desde el nivel de base- como de arriba hacia abajo, con visión, liderazgo, capacidad de resolución de conflictos y dotado de fondos por un nuevo Presidente y un nuevo Congreso.

Hacer realidad en Estados Unidos "Que Ningún Niño Se Quede Atrás" probablemente costará menos que los gastos mensuales en armas y pertrechos de guerra a los niveles actuales.[13] No solamente podemos asegurarnos que

---

[13] Suponte, como un escenario muy extremo, un total de 5 millones de niños muy pobres en los Estados Unidos cada uno requiriendo asistencia a través de la inversión pública por $10,000 al año , estamos hablando de $50 billones anuales, una insignificancia comparado al actual gasto militar de los Estados Unidos que ronda los $700 billones anuales. En caso de ser

todos los niños (sí, incluyendo también los hijos de los inmigrantes ilegales[14]) en los Estados Unidos tengan una oportunidad igual y justa para crecer como adultos sanos, felices, productivos y responsables, sino -te lo puedo asegurar- que la inversión hecha hoy será recuperada muchas veces en una sociedad más feliz, más sana y más productiva mañana. Estoy hablando de dinero aquí, no "sólo" de vidas humanas.

Es sólo cuestión de hacerlo en lugar de mentir acerca de ello. Puede comenzar en 2009 y empezar a convertirse en realidad para 2010.

Si, podemos. En su mayor parte Europa y Japón ya pudieron.

Incrementar los Fondos para VISTA y el Cuerpo de Paz

Llevar nutrición adecuada, un cuidado de la salud básico estándar y al menos educación primaria a todos los niños en otras partes del mundo se llevará más tiempo y requerirá superar obstáculos más difíciles. Pero una cosa que los Estados Unidos y otros países ricos puede hacer relativamente rápido es incrementar la ayuda política y financiera a programas como Vista (Veterans In Service To America – Veteranos en Servicio de América) y el Cuerpo de Paz. Jóvenes del Primer Mundo, entregando voluntariamente sus habilidades y tiempo para ayudar a otros que lo necesitan en sus propias naciones y alrededor del mundo puede lograr sorprendentes resultados a relativamente bajo costo. Al mismo tiempo, estos jóvenes de gran corazón ganarán experiencias en el mundo real que abrirán sus ojos y expandirán sus mentes, además moldearan sus actitudes para el resto de sus vidas. Difícilmente puede haber una mejor preparación para convertirse en buenos ciudadanos y tener una vida plena y

---

necesario podríamos estar dispuestos a gastar muchas veces esa cantidad ($50 billones) y la fuente de los recursos necesarios debería ser obvia.

[14] Estos niños pueden algún día tener que ser deportados como consecuencia de las transgresiones de su padres (esperemos que no), pero hasta que eso pase, ellos, como cualquier otro niño en los Estados Unidos, merecen la misma oportunidad.

productiva que pasar un par de años compartiendo sus dones con otras personas, y tal servicio debería ser recompensado por el resto de la sociedad con las mismas preferencias en educación y otras áreas que actualmente se les da a los jóvenes en el servicio militar.

Quitar las más Flagrantes Distorsiones de Nuestro Sistema

Otros pasos relativamente fáciles, que pueden ser dados rápidamente para reducir el costo de los servicios básicos y mejorar el estándar de vida de nuestra gente incluirían, por ejemplo:

- Reformar las leyes de mala praxis médica para establecer techos razonables en las compensaciones que los jueces pueden otorgar a las víctimas, no por insensibilidad con las víctimas, sino como una medida práctica para reducir rápidamente los costos de seguros de mala praxis médica, y consecuentemente, el costo de los seguros de salud y de los servicios médicos al público. Sería importante entre las cuestiones para ser abordadas en el contexto de corregir la actual legislación, enfocarse especialmente en la manera en que el actual sistema médico basado en la ganancia/mala praxis /seguros, obstinada e inexorablemente conduce a los médicos a ordenar exámenes de laboratorio y diagnóstico mucho más caros de lo que realmente se necesitan.

- Extender el período de cobertura del seguro de desempleo por tanto tiempo como las personas en búsqueda de un nuevo empleo estén dispuestas a trabajar tiempo parcial en el servicio público comunitario.

- Analizar las causas detrás del exorbitante incremento –comparable con el del cuidado médico- en el costo de la educación superior que hemos observado en años recientes. Estudiar la necesidad de quizás requerir, de todas las instituciones de estudios superiores que reciben cualquier clase de apoyo público, un mayor porcentaje mínimo de becas completas a los estudiantes de menores ingresos. Retribuir el servicio público prestado por jóvenes con becas o asistencia financiera para que puedan continuar sus estudios hasta el nivel de post-grado, y reducir los intereses que se cargan a la gente joven en sus préstamos estudiantiles. Cualquier recurso público invertido en reducir o eliminar los intereses en los préstamos estudiantiles palidecería en significancia en comparación con nuestros niveles actuales de gastos militares, y proveería retornos económicos masivos a la sociedad en general.

- Finalizar el acoso a los pequeños negocios de parte del Servicio de Impuestos Internos (Internal Revenue Service (IRS)), el cual actualmente impone altos costos sobre aquellos negocios que hacen un esfuerzo por cumplir con requerimientos de reportes extremadamente frecuentes y complejos, y finalizar las punitivas altas multas e intereses sobre compañías que aunque no deban ningún impuesto incumplen con reportar o depositar los impuestos a tiempo, debido a la estricta calendarización que el Servicio de Impuestos Internos (IRS) impone. Que el Servicio de Impuestos Internos se enfoque seriamente en cerrar los vacíos legales en las leyes impositivas y la evasión ilegal de impuestos de grandes corporaciones y de individuos de renta alta.

- Eliminar o reducir drásticamente "las concesiones para el bienestar corporativo" en forma de exenciones o subsidios otorgados por diferentes niveles del gobierno a grandes intereses corporativos en las industrias agrícola, minera, pesquera y forestal. En los Estados Unidos estas concesiones suman medio trillón de dólares o más, anualmente.

- Revisar la legislación concerniente a la administración corporativa y los derechos de la participación accionaria minoritaria, incluyendo los derechos de voto. Las cuestiones claves incluyen: responsabilidad social corporativa, prácticas laborales, salvaguardas medioambientales, políticas de compensación de ejecutivos, y "outsourcing" internacional.

Administración Medioambiental Global Efectiva

La Tierra es una, y nosotros compartimos un medioambiente natural único. Todos los que estamos vivos hoy, y todos nuestros descendientes en las generaciones por venir dependen de un fondo común de recursos naturales – aire, agua, suelo, reserva genética de plantas y animales, depósitos minerales, etc.- que, si se degradan o destruyen en cualquier lugar están degradando y destruyendo nuestra "riqueza en común"- la riqueza de la Tierra que hemos heredado todos por igual- quizás para siempre.

Las limitaciones legales y el marco regulatorio que hasta ahora hemos sido capaces de armar para proteger nuestro medio ambiente, los recursos naturales y "riqueza en común" han sido ampliamente institucionalizados y casi totalmente son de carácter obligatorio dentro de los marcos de las legislaciones nacionales individuales. Las legislaciones nacionales y la aplicación a nivel nacional de las leyes, no están ni cerca de ser capaces de cumplir con la tarea. Esa es una de las principales razones por las que hemos sido tan inefectivos hasta ahora en revertir una tendencia acelerada de degradación ambiental y de los recursos naturales en una escala global.

Las corporaciones multinacionales basadas en la búsqueda de lucro, serán las primeras en decirte que no están en los negocios para salvar al mundo. Las corporaciones están en los negocios para hacer tanto dinero como puedan, en la mayoría de los casos más o menos dentro de los límites de "la ley". El problema es que las leyes nacionales individuales son muy acomodaticias y no se aplican muy uniformemente. Así que, en su presumiblemente justificada búsqueda de maximizar sus ganancias, las corporaciones multinacionales –muchas de las cuales son mucho más ricas y poderosas que todos con excepción de un puñado de gobiernos nacionales- recorren el mundo buscando la regulación de sus actividades más indulgente posible en lo que concierne a su impacto en el medio ambiente y en nuestro fondo común de recursos naturales. Los países pobres alrededor del mundo –aún Estados y Provincias relativamente pobres dentro de países más prósperos- están tan desesperados por inversión y empleos que están muchas veces dispuestos a diluir su legislación medio ambiental casi al punto de desvanecerla, permitiendo que las regulaciones y leyes que puedan necesitar conservar para propósitos de relaciones públicas queden totalmente sin implementarse.

Si una jurisdicción trata de subir los estándares o ponerle dientes a sus esfuerzos por implementar sus leyes, otras jurisdicciones tomarán ventaja de eso en un esfuerzo por atraer la inversión y los empleos provistos por las grandes corporaciones multinacionales a sus localidades. Así, esto se convierte –muy evidentemente- en una precipitada carrera hacia el abismo, y nuestras vidas y el futuro de las generaciones venideras están siendo amenazados como consecuencia.

Aún cuando no exista, necesariamente, maldad innata involucrada. Son sólo los "males" que resultan de la dinámica interna de un sistema cuya estructura ya no puede cumplir con la tarea de sostener la vida de todos nosotros los que compartimos el planeta.

La única manera de contrarrestar el poder de las corporaciones multinacionales es establecer estructuras gubernamentales internacionales, que puedan negociar estándares medioambientales mínimamente aceptables a un nivel global, y establecer los mecanismos y generar los recursos necesarios para asegurar un nivel de aplicación estándar, uniforme y coherente en cualquier lugar alrededor del mundo. Si esto se hace, no habrá lugar donde ninguna corporación compitiendo internacionalmente sea puesta bajo ninguna desventaja especial, y el incentivo para estas corporaciones de recorrer el mundo buscando la regulación e implementación más débil llegará a su fin. El costo de implementar un mayor estándar de protección medio ambiental común alrededor del mundo se trasladará, por supuesto, a los consumidores, y está bien, ya que al final nosotros somos las partes interesadas en asegurarse que nuestra riqueza común sea preservada y trasladada intacta a nuestros hijos y a los de ellos.

Los Estados Unidos ya han perdido una gran oportunidad de tomar el liderazgo en el desarrollo de un estándar global común de protección medio ambiental, por su negligencia de ampliar la agenda de diálogo y acción internacional más allá del tema del calentamiento global.

Una actitud más receptiva en este tema, lo cual no significa el abandono de las demandas de Estados Unidos por tratamiento justo, adhesión universal y reciprocidad, podría permitir que una variedad de otras cuestiones apremiantes –incluyendo desechos tóxicos y humanos, escorrentías agrícolas, el agotamiento de los recursos pesqueros mundiales, por ejemplo- también se incluyeran como prioridades para la acción urgente a nivel internacional. Como ciudadanos preocupados de cualquier nacionalidad, debemos aprovechar todas y cada una de las oportunidades que se nos presenten para actuar y abogar por una cooperación internacional fuerte y efectiva, para establecer y aplicar un estándar universal de protección ambiental.

Proteger los Derechos de los Trabajadores Alrededor del Mundo

Un tema de corolario, es por supuesto, el trato a los trabajadores y los derechos de los mismos alrededor del mundo. De la misma manera en que las deficiencias del sistema actual casi obligan a las corporaciones multinacionales a recorrer el mundo buscando –aún estimulando- aplicación laxa de la legislación de protección medio ambiental, también las deficiencias del sistema, sin presumir ninguna "maldad" intencional de parte de las corporaciones multinacionales, prácticamente las obligan a "ir de compras" por el mundo buscando por los menores salarios y la aplicación más laxa de las leyes laborales. ¿Nos puede sorprender entonces, que el abuso a los trabajadores –principalmente mujeres y niños- aún al punto de una virtual esclavitud continúe prevaleciendo en tantos países alrededor el mundo?

El dispar estado del desarrollo económico en estos países, como sus historias y culturas diferentes y únicas, hace la cuestión de un tratamiento más igualitario a los trabajadores, extremadamente difícil y complejo. Algunos habitantes de países del tercer mundo son tan pobres y están tan desesperados por cualquier empleo que por lo menos provea la subsistencia de un día al siguiente, que sería difícil presionar por un cambio demasiado rápido sin amenazar la propia subsistencia de un gran número de trabajadores. Un trabajo pagado, no importa cuán exiguo sea el pago o difíciles las condiciones, es mejor que no tener ningún trabajo.

Las condiciones laborales y el trato a los trabajadores en diferentes lugares alrededor del mundo están, por supuesto, también directamente relacionados con la migración laboral internacional –tanto legal como ilegal- que impone grandes retos dentro de las naciones ricas para desarrollar políticas de inmigración humanas y prácticas.

Sería ingenuo esperar un progreso demasiado rápido en desarrollar una propuesta internacional coherente, capaz de corregir las desigualdades evidentes en el trato y la remuneración de los trabajadores en diferentes partes del mundo. Sin embargo, es crucialmente importante que reconozcamos que el sistema está fallando estrepitosamente a ese respecto, y que debemos –a través del apoyo activo, el intercambio de ideas, la negociación y la construcción gradual de consenso- comenzar a abordar este tema como una prioridad crítica tanto a nivel nacional como transnacional.

No hay manera que un país individualmente pueda resolver este problema por su propia cuenta, pero, mientras este problema no sea resuelto, no hay manera de esperar que las corporaciones internacionales hagan algo distinto a continuar respondiendo a los incentivos profundamente perversos construidos dentro de la dinámica actual del sistema.

Salir de Irak: Construir Una Fundación No Militar Para La Paz y La Seguridad Internacional

Tenemos que salir de Irak tan pronto como sea posible.

Lo que dice Bush es cierto. La presencia de tropas de los Estados Unidos allí es un imán que atrae elementos insurgentes de toda la región para luchar contra nosotros, y ha resultado en la expansión y extensión desde lo que lucía como una acción policíaca para darle seguridad al país después de la invasión americana, hasta convertirse en una gran conflagración que ha tenido como resultado la pérdida innecesaria de las vidas de miles de soldados americanos, y de decenas de miles de iraquíes.

La guerra en sí misma era innecesaria e injustificada. Cualesquiera que hayan sido los motivos reales de la administración Bush, *¡no había evidencia creíble de la existencia o de los preparativos para la fabricación de Armas de Destrucción Masiva en Irak!* Y la doctrina del ataque militar preventivo para prevenir el terrorismo, sustentado únicamente en la sospecha de una posible conspiración contra nosotros, es insostenible en cualquier contexto o precedente legal nacional o internacional de la historia de las naciones civilizadas. *¡La guerra mata personas, incluyendo niños inocentes y a sus padres, no importa cuán "inteligentes" sean las bombas! La guerra debería siempre ser refrenada tanto como sea posible, y ser absolutamente el último recurso, cuando todas las otras opciones han sido intentadas y han fallado.*

La inteligencia, como será extensamente explicado más abajo, ha sido y continúa siendo nuestra mejor defensa contra el terrorismo global. Justicia, buena política, y la maestría en el arte de gobernar son nuestra mejor ofensiva para ganar las mentes y los corazones de los pueblos alrededor del mundo, pueblos sin cuyo apoyo el terrorismo no tienen ningún chance de éxito contra nosotros.

Es fácil pintar el terrorismo como los actos sin sentido de "fanáticos" religiosos o políticos, con quienes es imposible entenderse o comunicarse. Siempre ha sido importante deshumanizar al enemigo tanto como sea posible. De esa manera es mucho más fácil asesinarlos, y que la carnicería sea atestiguada y aceptada, por quienes por lo demás son ciudadanos civilizados, como inevitable. De esa manera, cuando nuestras "bombas inteligentes" cayendo en lo oscuro de la noche de repente transforman a un niño de ocho años alguna vez feliz en un huérfano parapléjico, sin padres, sin hermanos, sin brazos y sin piernas –sin ninguna ilusión sobre lo que le aguarda en la vida- nos podemos sentir tristes en lugar de sentirnos culpables. Es mucho más fácil así.

Es nuestra propia tempestad lo que estamos cosechando.

Pero no es tan difícil entender que los terroristas no son sino otros, un poco diferentes, humanos mal informados, así como nosotros. Los miembros de Al Qaeda fueron alguna vez nuestros aliados, luchando, con nuestra ayuda, una guerra santa contra los comunistas ateos en Afganistán. Juntos, derrotamos a los comunistas ateos, y los forzamos a regresar a la Rusia Soviética. Entonces, por supuesto, y a pesar de cualquier promesa que pudiéramos haber hecho en relación a asistencia en la reconstrucción de post-guerra, nos fuimos y los dejamos abandonados a merced de su propia suerte y del Talibán.

Otro aliado de aquella época –quizás envalentonado por la fuerza de sus antiguos lazos con los Estados Unidos durante la sangrienta lucha contra los diabólicos ayatolas- Saddam Hussein lanzó una invasión para recuperar una antigua provincia de Irak rica en petróleo.

Un déspota muy parecido a todos los otros dictadores que llegaron al poder en el Medio Oriente en las décadas siguientes a la caída del Imperio Turco Otomano –sostenidos y apoyados por las compañías de petróleo británicas y americanas y por agencias clandestinas- Saddam había alcanzado en alguna medida destacarse y cierto atractivo dentro del Medio Oriente como uno de los pocos dictadores seculares, no-monárquicos en la región. Como tal, él era definitivamente un rival y una amenaza para la Casa Real Saudí gobernante en Arabia Saudita. Como tal, él era una amenaza para los suministros de petróleo de Occidente que yacen bajo las arenas de Arabia Saudita, y que nos eran "garantizados" por la Casa Real Saudí. Así que, establecimos enormes bases militares en Arabia Saudita, y con la bendición de los "reyes del desierto", lanzamos un ataque masivo contra las fuerzas de Saddam en el Sur de Irak y Kuwait.

Ganamos, con enormes pérdidas de vidas de lado iraquí, pero relativamente pocas bajas de nuestro lado.

Eso fue bueno.

El más experimentado Bush viejo se dio cuenta que conquistar y tratar de gobernar Irak nos dirigiría a un atolladero que no serviría a ningún propósito estratégico. Así él puso final a las hostilidades al terminar la liberación de Kuwait, y retiró de Irak a las fuerzas de tierra de los americanos y de la coalición.

Eso también fue bueno.

Lo que no fue tan bueno, desde la perspectiva de nuestros antiguos aliados los "luchadores por la libertad" de Al Qaeda, fue la decisión de Bush viejo de establecer bases militares permanentes en Arabia Saudita y Kuwait. Eso, a pesar del aparente consentimiento de la Casa Real Saudita, sonaba demasiado a "ocupación" para aquellos quienes habían dedicado una década en la expulsión de otros infieles de Occidente de un país musulmán vecino.

Aunque no podemos aceptar ni justificar la violencia terrorista contra nosotros o contra cualquier ser humano en ninguna parte, podemos intentar entender las motivaciones de aquellos que luchan contra nosotros. En el caso de la revuelta musulmana contra el Occidente —encabezada al momento por Al Qaeda- los factores contra nosotros son bastante claros.

Uno- la imposición y el mantenimiento en el poder por Occidente de regímenes despóticos, corruptos y retrógrados a través del mundo árabe —el cual incluye la mayoría del antiguo Imperio Otomano que se extendía desde Los Balcanes en Europa a Marruecos en África del Norte- fundamentalmente para permitir al Occidente ejercer control sobre los suministros de petróleo del Medio Oriente.

Dos- el establecimiento del Estado de Israel[15] en 1948 dentro del Protectorado Británico de Palestina, y la expulsión de más de 700 mil palestinos de territorio

---

[15] Un violento proceso en el cual "terroristas" judíos incluyendo el futuro Primer Ministro Israelí Menachen Begin estuvo fuertemente involucrado. El siguiente pasaje de Wikipedia sobre la vida de Begin es ilustrativo: "Begin lanzó un llamado a las armas y desde 1944 a 1948 el Irgun lanzó una rebelión armada, perpetrando cientos de ataques contra instalaciones y puestos británicos. Begin financió estas operaciones extorsionando a hombres de negocios Sionistas, y realizando estafas mediante la realización de asaltos supuestos a la industria local del diamante, para que las víctimas pudieran recuperar sus pérdidas a costa de las compañías de seguro. Durante varios meses en 1945-46, las actividades del Irgun estuvieron coordinadas dentro del marco del Movimiento de Resistencia Hebrea bajo la dirección del Haganah, sin embargo esta frágil sociedad colapsó después de que el Irgun bombardeó el cuartel general administrativo de los británicos en el Hotel Rey David de Jerusalén, matando 91 personas, incluyendo oficiales y tropas británicas además de civiles árabes y judíos. El Irgun bajo el liderazgo de Begin continuó llevando a cabo operaciones militares tales como la fuga de la prisión de Acre, y el colgamiento de dos sargentos británicos Clifford Martin y Marvyn Paice, causando que los británicos suspendieran las ejecuciones de los prisioneros del Irgun. Crecientes números de fuerzas británicas fueron desplegadas para sofocar el levantamiento judío, pero Begin se las ingenió para eludir su captura, algunas veces disfrazándose de Rabino. El Servicio Británico de Seguridad MI5 ofreció una recompensa de 10,000 libras esterlinas por la cabeza de Begin, vivo o muerto, después que el Irgun amenazara con "una campaña de terror contra los oficiales británicos", diciendo que matarían a Sir John Shaw jefe de la Secretaría Británica en Palestina. Un agente del MI5 de nombre en código "Snuffbox" también advirtió que el Irgun tenía células ocultas en Londres tratando de matar miembros del gabinete del Primer Ministro Británico Clement Attlee." Cuando la guerra de independencia estalló, los luchadores de Irgun unieron fuerzas con el Haganah y la milicia de Lehi para pelear contra las fuerzas árabes. Operaciones notables en las cuales tomaron parte fueron las batallas de Jaffa, Haifa, y el asedio Jordano sobre el cuartel judío en Ciudad Vieja de Jerusalén. Una de tales operaciones en la villa Palestina de Deir Yassin en Abril de 1948, que resultó en la muerte de más de cien civiles palestinos, es todavía fuente de controversia. Algunos han acusado a las fuerzas judías de cometer crímenes de guerra, mientras otros sostienen que fueron actos legítimos de guerra, sin embargo es generalmente aceptado que el Irgun y las fuerzas Lehi quienes tomaron parte en el ataque llevaron a cabo un asalto brutal sobre lo que era predominantemente población civil. Como el líder del Irgun, Begin ha sido acusado de ser responsable por las atrocidades que supuestamente tuvieron lugar, aun cuando él no participó en ellas.

israelí durante la primer guerra árabe-israelí en 1948-49, quienes, después de 60 años no han recuperado una patria completamente independiente.

Tres- la invasión cultural del mundo musulmán por lo que se consideran son valores Occidentales superficiales y corruptos, que amenazan la integridad de la familia musulmana y la estabilidad de la comunidad. Esto incluye, al principio de la lista, lo que es visto como la perversión del rol tradicional principal de la mujer en la sociedad como esposas y madres, transformándolas por razones comerciales en libertinas buscadoras de placer, convirtiéndolas junto con la sociedad en víctimas de la irrestricta explotación capitalista de la promiscuidad y la pornografía.

La revuelta musulmana contra el Occidente es principalmente impulsada por un sentimiento de ser víctimas de Occidente, y por uno de relativa impotencia que solo deja abierta la alternativa de medidas y métodos desesperados. A diferencia de los "barones" de las drogas que perpetran un inmensamente más masivo y profundo terrorismo contra los niños de la sociedad Occidental, los bombarderos suicidas musulmanes son en su mayoría devotos y llevan una vida sin vicios. A sus ojos, sus acciones son defensivas, un sacrifico hecho en defensa de sus patrias, su cultura y sus creencias. Bastante parecido a nuestros propios soldados quienes están dispuestos a sacrificar sus vidas para salvar las de otros abalanzándose sobre una granada de mano, o sobre un nido de ametralladoras para matar al enemigo, por ejemplo, estos jóvenes hombres y mujeres son vistos como héroes por la mayoría de sus contemporáneos en el mundo musulmán de hoy. Y si, en el curso de sus necesariamente asimétricos ataques contra aquellos quienes ellos creen son sus enemigos ellos también inevitablemente matan algunos inocentes, sus actos son, desde su punto de vista, no más abyectos y no menos inevitables que los actos de aquellos que lanzan misiles y ataques aéreos contra sus comunidades, matando inocentes - daños colaterales- quienes en el largo y cruel curso de varios conflictos árabes-israelíes y las dos guerras iraquí-norteamericanas, para ahora deben andar por las decenas de miles.

Es muy lamentable, tanto de un lado como del otro. Aunque indudablemente han existido monstruos involucrados en ambos lados, ellos, como pueblo, no son más monstruosos de lo que somos nosotros. Podemos entendernos los unos a los otros si queremos y lo intentamos

Desde hace tiempo debería haberse detenido la matanza. Detengámosla ahora.

Mientras que cualquier retirada necesita ser ejecutada con profesionalismo y cuidado para evitar pérdidas innecesarias de nuestras fuerzas y maximizar la probabilidad de asegurar la paz, quitando los principales pretextos para la resistencia violenta un retiro americano de Irak hará más que cualquier otra cosa en la que yo pueda pensar para traer estabilidad a la región. Esto permitirá al gobierno de Irak solicitar el retorno de los combatientes expatriados a sus hogares, y cerrar lo que se ha convertido en el campo de entrenamiento para la insurgencia y el terror más grande del mundo. No hay duda de que Estados Unidos encontrará un amplio apoyo y cooperación de otras naciones de Occidente y de organizaciones internacionales para asegurar que la transición a la paz en Irak tome lugar tan sin incidentes como sea posible.

Aplicar la Doctrina de Powell

La acción militar preventiva no es la manera de lograr la paz del mundo, o aún de traer alguna pequeña medida de seguridad de corto plazo para el pueblo de Estados Unidos y de otras naciones Occidentales.

Una guía mucho más confiable que limitaría el uso del de los medios militares únicamente a los casos donde sea más necesario e inevitable es atribuida al ex Consejero de Seguridad Nacional de Estados Unidos, ex Presidente del Estado Mayor Conjunto y ex Secretario de Estado, General Colin L. Powell. Las preguntas planteadas por la doctrina Powell, las cuales deben contestarse *todas* afirmativamente antes de iniciar una acción militar, son:

1. ¿Está amenazado un interés vital para la seguridad nacional?

2. ¿Tenemos un objetivo claro y alcanzable?

3. ¿Se han analizado completa y sinceramente los riesgos y costos involucrados?

4. ¿Se han agotado completamente todos los otros medios no violentos?

5. ¿Existe una estrategia de salida convincente para evitar un enredamiento sin fin?

6. ¿Han sido consideradas enteramente las consecuencias de nuestras acciones?

7. ¿Es apoyada la acción por el pueblo americano?

8. ¿Tenemos un amplio apoyo internacional genuino?

En el caso de Irak, es cuestionable si aún alguno de los criterios de Powell fue cumplido. La población de los Estados Unidos fue profundamente traumatizada por los eventos del 11 de Septiembre de 2001 y puede quizás por esta razón perdonarse este descuido. Pero nunca debería pasar otra vez.

El General Powell sirvió a los Estados Unidos con alto honor y distinción durante varias décadas. Es desafortunado que, como Secretario de Estado en la primera administración del segundo Bush, se haya sentido obligado –ya sea por lealtad u obediencia o por ambición personal- a traicionar los principios por los cuales será más probablemente recordado en la historia del mundo.

¿Qué alternativas había en el caso de Irak, y qué alternativas hay para lidiar más constructivamente con los retos en el futuro?

Una de tales alternativas es, la organización y ejecución de acciones para establecer el orden internacional cuando son sancionadas por un cuerpo internacional debidamente constituido, y declaren que es necesario intervenir ante una amenaza percibida de pillos tales como Saddam Hussein.

En el caso de Saddam Hussein específicamente, existía suficiente evidencia de crímenes en una escala masiva contra su propio pueblo para haber justificado su condena por la Corte Criminal Internacional (a la cual Estados Unidos desafortunadamente no pertenece) o por algún comité *ad hoc* que podría haber sido creado por el Consejo de Seguridad de la ONU para revisar la evidencia. Tal condena podría haber ordenado la entrega o la captura y arresto de Hussein y de un pequeño número de secuaces. Respaldado por la amenaza de fuerza para lograr un arresto y quizás estimulados por una recompensa monetaria, es más que probable que Saddam hubiera sido traicionado por sus propios compinches en el transcurso de un corto período, capturado (o asesinado) y entregado para que fuera juzgado por autoridades internacionales. Si eso hubiera pasado, Saddam estuviera ahora languideciendo en una celda de prisión en algún lugar, como lo está Manuel Noriega, y decenas de miles de personas estuvieran vivas todavía.

Aún en el peor escenario, en el cual sus guardaespaldas y fuerzas militares permanecieran leales, seguramente habría sido posible organizar una acción policíaca de gran escala para precisar su ubicación y lograr su arresto o eliminación, con la sanción de un cuerpo internacional debidamente constituido. Con el control de los cielos iraquíes alcanzado con pocas pérdidas de vidas de ambos lados, un cuerpo policial de las Naciones Unidas de no más de cinco mil hombres podría haber realizado rápidamente la extracción, retirándose de Irak inmediatamente después, y dejando que el país y su gente encontraran sus propios caminos hacia la coexistencia pacífica y el desarrollo, libres del maniático y criminal déspota que había tomado poder sobre ellos.

Este no es un escenario imposible. Muy probablemente hubiera funcionado. El mundo sería un muy diferente –y más seguro- lugar ahora, y habríamos puesto en práctica un nuevo modelo de cooperación internacional para abordar en el futuro grandes amenazas a la paz y seguridad internacional.

Más que desarrollar formas alternativas para desplegar fuerza sin provocar guerra, los Estados Unidos y otros líderes entre la comunidad internacional necesitan desarrollar toda una matriz de instrumentos y medidas preventivas que puedan abordar pacíficamente situaciones que se están deteriorando, antes de que se conviertan en graves amenazas para nuestra seguridad. Explorar a profundidad y desarrollar aquella matriz de instrumentos preventivos requerirá la contribución de muchas personas trabajando el equivalente en horas hombre de muchas vidas, y está mucho más allá del alcance de este libro.

Lo que podemos decir aquí, sin el menor temor a equivocarnos, es que la manera de empezar es comenzando a abordar seriamente los tres grandes "males" que enfrentamos juntos en el mundo de hoy, una vez más: la abyecta, degradante y desesperanzadora pobreza; la destrucción del medio ambiente, nuestra "riqueza común"; y, la degradación de la sociedad humana y la proliferación de la violencia.

Aun los más desesperados, los más desafortunados y los más pobres de entre la población mundial recobrarían la esperanza al ver un esfuerzo serio y concertado, por parte del resto de nosotros, para ponerle un alto a estos "males" de una vez por todas. Y aquella esperanza por si sola puede quizás ser capaz de guardarnos de tener que soportar aún mayores extremos de crueldad y violencia, antes de que juntos encontremos la manera de que las cosas empiecen a mejorar.

Es evidente que nosotros en las naciones ricas de Occidente debemos empezar a practicar lo que predicamos. Si la aplicación estricta de las protecciones laborales y ambientales es buena para nosotros, entonces también es buena para las personas de China e India. Si la libertad de expresión, la libertad de prensa y las elecciones libres son buenas para nosotros, entonces también son buenas para las personas de Argelia, Egipto y Arabia Saudita. Si la nutrición adecuada, la buena atención de la salud, y la buena educación son buenas para nuestros niños, entonces también son buenas para los niños de Sudán, El Congo, Bangladesh y Bolivia. Todas estas personas son nuestros hermanos y hermanas, y sus hijos son como los nuestros. Ellos participan igualmente de la consciencia universal que le da valor, propósito y significado a nuestras vidas.

Ellos merecen, y pueden con todo derecho demandar igualdad de oportunidades e igualdad ante la justicia. Si trabajamos con ellos para alcanzar estos derechos, tendremos paz. Si continuamos ignorándolos, o peor, si continuamos permitiendo que nuestro sistema activamente trabaje contra ellos y su bienestar –en contra de la probabilidad de sobrevivencia de sus hijos- no tendremos paz. Es tan simple –y tan complicado- como eso.

Vivir La Paz

Para alcanzar la paz y la no-violencia, vive la paz y la no-violencia.

Sigue los pasos de los grandes pacificadores:

Siddhartha Gautama (Buda)

Jesús de Nazaret

San Francisco de Asís

Mohandas K. Gandhi (Mahatma)

Martin Luther King, Jr.

Juan Pablo II

Madre Teresa de Calcuta

Nelson Mandela

ESFUERZO SOSTENIDO POR SÓLO DIEZ AÑOS

Mucho puede ser hecho en relativamente poco tiempo, si tan sólo podemos elevar nuestra propia conciencia y juntarnos con otros comprometidos en la lucha contra los tres grandes "males" de nuestro tiempo.

Algunas cosas requerirán un esfuerzo a más largo plazo. El único camino que nos dirigirá a un cambio duradero es el de la persuasión no-violenta, se necesita que un gran número de personas sean persuadidas para que se involucren en la creación de las reformas constitucionales e institucionales más fundamentales que serán necesarias para sostener el cambio en el futuro. Esto necesariamente tomará tiempo, pero quizás no una exorbitante cantidad de tiempo. Con concentración y esfuerzos sostenidos, y el progreso visible resultado de las acciones más inmediatas recomendadas arriba, yo creo que reformas estructurales profundas pueden ser alcanzadas, en los Estados Unidos y en todos lados, en no más de una década.

Las reformas estructurales que se avanzaron para tu consideración están agrupadas abajo en cuatro grandes categorías:

1. Reformas políticas y electorales.

2. Reformas económicas y fiscales.

3. Reformas dirigidas a fortalecer la protección medio ambiental.

4. Reformas dirigidas a reducir la violencia y alienación social.

Reformas Políticas y Electorales

Primero y más importante, los ciudadanos de todas las naciones democráticas deben tener acceso a los medios de comunicación masivo para propósitos electorales y otros importantes asuntos públicos, sin importar la cantidad de dinero a su disposición.

Una propuesta popular (bastante discutida en los Estados Unidos, pero nunca puesta en práctica seriamente) es la financiación pública de las campañas políticas y otros asuntos públicos importantes. Bajo esta propuesta, el público contribuyente pagaría los costos exorbitantemente altos de las campañas políticas modernas, donde la mayor parte del dinero se dedica a la compra de publicidad política en las compañías privadas de transmisión de televisión.

A mi me parece, sin embargo, que partimos de una situación en la cual *el público ya posee los medios claves de la moderna comunicación de masas,* que son las ondas de televisión.

A través de la Comisión Federal de Comunicaciones en los Estados Unidos, la legislación actual permite al gobierno –supuestamente actuando en el interés público- licenciar a operadores privados para usar frecuencias de televisión específicas con propósitos comerciales. Estas licencias, el relativamente limitado número de frecuencias disponibles para la transmisión de televisión, y la capacidad de las cadenas de operadores privados de adquirir el control de las frecuencias de transmisión en la gran mayoría de las áreas metropolitanas crean cuasi-monopolios, los cuales a su vez, permiten a estas cadenas de telecomunicaciones cobrar exorbitantes cantidades de dinero por el acceso a las ondas de radio y televisión y al masivo mercado nacional que puede ser alcanzado a través de ellas.

Esto es lo que hace necesario, bajo el actual sistema, para los candidatos y partidos políticos tener una enorme cantidad de dinero a su disposición, sin eso, no hay manera que ellos puedan presentar y "vender" su mensaje a la mayoría de votantes.

Que es exactamente como les gusta que sea a los dos más grandes partidos políticos en los Estados Unidos y a sus poderosos patrocinadores corporativos.

Ya que ellos controlan quien obtiene el dinero también controlan quien participa en el proceso. Controlando el campo de juego, ellos obviamente también controlan quien gana (o, al menos, quien no gana).

El "buen billete" que se necesita para tener acceso al mercado de masas que tienen monopolizado las cadenas de televisión, se ha convertido esencialmente en el "guardián de entrada" que determina quién es elegible para participar en el proceso electoral "democrático" de los Estados Unidos y quién no. De ese modo, un nuevo sistema ha sido subrepticiamente establecido sustituyendo pero realizando la misma función básica, que los requisitos de propiedad para votar que fueron originalmente establecidos durante la primera parte de nuestra historia política.

Mucho mejor que dar a las cadenas de televisión una enorme cantidad de dinero proveniente de los impuestos del público para financiar campañas políticas, simplemente legislemos para recuperar una porción del espectro de frecuencia y una porción del día de transmisión para propósitos públicos legítimos, incluyendo elecciones y otros asuntos de interés público urgente. Después de todo, permíteme re-enfatizar, que *¡las ondas de radio y televisión ya nos pertenecen!* ¿Por qué, me pregunto, tenemos que pagar como contribuyentes a las cadenas de televisión enormes cantidades dinero simplemente para tener acceso al medio que –por ley y por sentido común- es de todas maneras nuestro?

Los detalles tendrán, por supuesto, que ser estudiados y elaborados cuidadosamente. Pero los grandes rasgos de un sistema factible no son tan difíciles de concebir. Tantas horas de audiencia máxima en la semana de transmisión, durante los períodos electorales, que sean reservadas para proveer una oportunidad a los candidatos de llegar directamente al público con sus mensajes.[16] Cualquier candidato para un cargo público con un cierto número mínimo, aún por determinar, de partidarios certificados sería capaz de dirigirse al público votante pertinente durante la misma cantidad de tiempo que cualquier otro candidato compitiendo por el mismo cargo, *¡sin ningún costo para el candidato ni para el público!*

El costo, en realidad mínimo en comparación con el valor de las licencias y franquicias otorgadas por el público a las estaciones y cadenas de televisión, simplemente sería absorbido como parte de los costos de que le sean otorgados

---

[16]   Una ventaja adicional del nuevo sistema propuesto: Seremos capaces de oír a los candidatos directamente, en lugar de las peroratas infinitamente repetitivas de las "cabezas parlantes" y "expertos" *diciéndonos* que es lo que dicen los candidatos y lo que deberíamos pensar sobre lo que dicen.

los derechos de uso, para propósitos comerciales, de recursos públicos limitados, como lo son las frecuencias disponibles para la transmisión de televisión, durante el resto del año de transmisión.

Simplemente haciendo posible que una amplia variedad de nuevas voces puedan ser *escuchadas,* por primera vez en la historia de la democracia americana, cambiará profundamente la manera en que nuestro sistema funciona. Romperá el dominio completo que tiene el actual duopolio de partidos sobre el sistema. El pueblo tendrá por primera vez en la historia la oportunidad de *oír* voces que compiten con respecto a la dirección correcta hacia un mejor futuro, pensar y analizar una amplia variedad de opciones sin la intermediación de "expertos", y *decidir* libremente, por primera vez en sus vidas cómo y por quien deberían ser gobernados.

Lo anterior es lo más importante, y haría posible cambiar todo lo demás que necesite ser cambiado.

Secundariamente, pero también importante, dentro de los temas para la reforma política y electoral se incluyen la eliminación del Colegio Electoral y la eliminación de las reglas de votación donde el "ganador toma todo" que actualmente existen en algunos de nuestros procesos electorales.

El Colegio Electoral es un anacronismo que ya no sirve a ningún propósito útil. Las únicas dos ocasiones en la historia de los Estados Unidos en que diferentes ganadores han resultado entre el conteo del voto popular nacional y el conteo de votos electorales –las elecciones de George W. Bush en el 2000 y de Rutherford B. Hayes en 1876- produjeron una masiva pérdida de confianza en la transparencia de nuestro sistema electoral. No hay ninguna buena razón para contemplar siquiera la posibilidad de que esto pase otra vez.

En cuanto a las reglas de votación "el ganador lo toma todo", estas obviamente destruyen totalmente la opinión de la minoría o minorías perdedoras, aún cuando estás pueden constituir una fracción grande de la población votante. Donde los sistemas de votación indirecta todavía estén en vigor, como en la escogencia y distribución de los delegados a las convenciones de las primarias de los partidos, una distribución proporcional es claramente mucho más representativa y es mucho menos probable que produzca resultados anómalos en la cuenta agregada final.

Reformas Económicas y Fiscales

La libertad depende de la responsabilidad (y, por supuesto, viceversa).

La libertad individual –el libre ejercicio de nuestros derechos civiles- depende de la transparente y justa adjudicación y aplicación de la ley.

La existencia de un mercado libre depende, similarmente, de la disponibilidad de información y oportunidades para todos, de la existencia de igualdad de condiciones, y de la transparente e igualitaria aplicación de tratados, leyes y regulaciones que gobiernan nuestras interacciones económicas.

¡Detengan El Robo!

La primera y más importante tarea que se necesita hacer en el área económica es comenzar una vez más a aplicar tratados, leyes y regulaciones existentes que hoy sólo remedan el gobierno de nuestras interacciones económicas.

Para comenzar con, las críticamente importantes y peligrosas cuestiones concernientes a la liberación de acceso a los mercados, en países como China, Vietnam e India, el cambio de divisas, y la prohibición de políticas que conducen a tipos de cambio artificialmente sub-valuados.

Como mencionamos antes, estos países mantienen actualmente tipos de cambio oficiales que, de acuerdo a fuentes como el Banco Mundial y la Agencia Central de Inteligencia de los Estados Unidos, están sub-valuados con respecto al dólar estadounidense, ¡por un factor de cuatro o cinco a uno! Esto significa que, si se permitiera que sus monedas se comercializaran libremente y que alcanzaran niveles aproximados a la paridad por poder adquisitivo (PPA), los precios de sus exportaciones, expresados en dólares estadounidenses, ¡serían 4 ó 5 veces más altos de lo que son actualmente![17] Esta es una enorme distorsión sólo posible porque los gobiernos de estos países usan mecanismos para interceptar y secuestrar las reservas de divisas que se acumulan de sus enormes superávits comerciales, manteniendo las divisas fuera del mercado, poniendo únicamente a disposición de importadores seleccionados relativamente pequeñas cantidades de divisas a través de racionamiento controlado y a precios artificialmente establecidos. Es fácil de ver que si China, que actualmente posee cerca de 1.5 trillones de dólares en reservas de divisas[18] liberara una cantidad significativa de estas reservas en el mercado – incrementado así su oferta- los precios de los dólares americanos y otras monedas internacionales liberadas caerían dramáticamente en relación al Yuan, significando que muchos más dólares se requerirían para comprar la misma cantidad de bienes chinos y que los precios de exportación subirían proporcionalmente.

Las organizaciones regulatorias del Comercio Internacional y las Finanzas Internacionales, como la Organización Mundial del Comercio (OMC) y el Fondo

---

[17]   Esta afirmación está basada en cifras publicadas por la CIA en 2006. Las cifras han sido revisadas significativamente para 2007, indicando por ejemplo que en sus estimados el Producto Interno Bruto (PIB) de China de acuerdo a la Paridad por Poder Adquisitivo (PPA) cayó de 10.21 trillones de dólares americanos en 2006 a únicamente $7.04 trillones en 2007, mientras que el cambio oficial fue permitido apreciarse únicamente cerca del 5%. Uno puede sospechar que la presión política en Estados Unidos puede explicar al menos en parte tan grandes ajustes en los estimados año con año, pero esto no tiene efecto en nuestro argumento acerca del tipo de cambio. Aún con el estimado reducido, el Yuan, de acuerdo a la CIA está *¡todavía sub-valuado por un factor de cerca de 2.5 a 1!* Diferencias entre la PPA y los tipos de cambio oficiales con el Dólar, el Euro o el Yen, por ejemplo, están únicamente en el rango del 10% -15% en lugar del 404% reportado por la CIA para China en 2006.

[18]   Equivalente a 20 meses el valor de las importaciones de bienes y servicios a sus niveles actuales, mucho más de lo necesario para asegurarles suficiente liquidez internacional. También equivalente a cerca del 15% de la deuda externa de los Estados Unidos, un apalancamiento considerable.

Monetario Internacional (FMI) ponen mucho énfasis en reducir las barreras arancelarias como un medio de promover el crecimiento del comercio internacional. Un arancel, digamos de un 50%, sobre la importación de algún producto manufacturado casi con seguridad sería considerado excesivamente alto, y el país intentando imponer ese arancel sería presionado fuertemente para reducirlo sustancialmente.

Tales grotescos y extremadamente sub-valuados tipos de cambio como los que se manejan en China e India representan tasas de *protección efectiva* muchas veces superior al trivial arancel de 50% que sirvió de ejemplo anteriormente. Dependiendo a cuales estimados les des credibilidad, ¡los actuales tipos de cambio oficiales en China e India son equivalentes a aranceles en el rango de 250-500%! También representan un subsidio masivo implícito a los sectores exportadores de sus economías[19], que les permite vender sus bienes a compradores extranjeros a precios que son varias veces más baratos de lo que serían, sino se permitiera más acaparar divisas ni evitar que se pongan a la libre disposición en el mercado nacional.

Los chinos no cumplen las reglas del comercio internacional de otras muchas maneras que también han sido mencionadas antes: haciendo préstamos desde bancos estatales a empresas exportadoras estatales que nunca son pagados, con eso se provee efectivamente a las empresas exportadoras de un subsidio gubernamental directo, permitiéndoles mantener precios de exportación por debajo de los de mercado; mediante la no aplicación de los estándares de

---

[19] El subsidio podría ser también considerado como concedido a los consumidores en los mercados de exportación chinos como los Estados Unidos, pero sería difícil de entender el interés del gobierno chino en subsidiar a los consumidores americanos. Una interpretación más realista es que el gobierno chino está subsidiando el costo de comprar participación de mercado en sus mercados de exportación alrededor del mundo, a través de permitir a la industria china rebajar masivamente los precios a niveles que ningún competidor pueda permitirse. El costo de este subsidio está financiado implícitamente por reducidos niveles de vida –un impuesto indirecto al consumo - impuestos sobre sus propios ciudadanos, especialmente a los del área rural.

protección ambiental y normas laborales justas, su gobierno les hace posible evitar más costos a sus compañías exportadoras, haciéndolas aún más "competitivas" internacionalmente.

El impacto de todo esto es que bienes de consumo increíblemente baratos están inundando los mercados alrededor del mundo en aquellos países que continúan respetando las reglas. Esto está destruyendo industrias enteras en Estados Unidos, Europa, y en todos los países en Latinoamérica y África, socios comerciales nuestros, que no imponen aranceles de represalia ni se protegen de alguna manera de estas prácticas comerciales predatorias nunca antes vistas en la historia. La inundación de artificial, injusta –y yo diría ilegalmente- baratos bienes de consumo de China en el mercado de Estados Unidos ha destruido cientos de miles si no millones de bien pagados trabajos en la manufactura, que sólo ha sido posible reemplazar con trabajos mal pagados y sin futuro en los sectores de servicios personales y de venta al menudeo. Podemos ver y sentir esto pasando, a todo nuestro alrededor. Y aún así, se permite que continúe. ¿Por qué?

El más grande timo internacional de la historia se permite que continúe simplemente porque un gran número de corporaciones de Estados Unidos están haciendo una enorme cantidad de dinero fabricando sus productos bajo licencia en China a un ridículamente bajo costo, y vendiéndolos con altos márgenes a un crédulo e inconsciente público consumidor norteamericano. Una importante cantidad de dinero proveniente de este comercio –el cual, yo repito, es ilegal en términos de reglas comerciales que se aplican a cualquier otra nación- encuentra su camino hasta los fondos de campaña de los principales políticos de los Estados Unidos en las ramas ejecutiva y legislativa, y por supuesto, gran parte va también a alimentar las ganancias por anuncios comerciales de los grandes conglomerados mediáticos, los cuales también son incentivados para que volteen hacia otro lado, o mejor aún, para que distraigan la atención del problema real –China- hablando acerca de irrelevancias tales como el tratado de libre comercio de Estados Unidos con las pequeñas repúblicas de América Central o con Perú.

A China se le está permitiendo salirse con la suya en esto por la corrupción de nuestro sistema económico y político. A India y Vietnam se les está permitiendo salirse con la suya en esto, hasta ahora, porque aún no se han convertido en exportadores significativos, al menos en comparación con el monstruo chino.

Así que, la primera y más importante tarea que necesita ser realizada para corregir el daño económico y fiscal que se está causando a raíz de nuestro sistema defectuoso, es obligar al gobierno chino, a nuestras propias corporaciones transnacionales, y a nuestros "líderes" políticos a que jueguen siguiendo las reglas que ya existen. Todos ellos son, como están las cosas, criminalmente responsables ante el público, ellos destruirán nuestros futuros a menos que se les obligue a cumplir pronto.

Tomar acción para corregir esta perversión del sistema de mercado restaurará rápidamente la competitividad de las industrias localizadas en Occidente y hará posible la restauración de trabajos en la manufactura, mejor pagados y más estables. Esto por si solo hará bastante para restaurar una medida de decencia y justicia al funcionamiento de nuestro sistema económico.

Existen, sin embargo, muchas otras cuestiones que necesitan ser consideradas, fundamentalmente entre esas cuestiones están las pertinentes a la eliminación de la extrema pobreza, clarificar y fortalecer las bases conceptuales y legales para los derechos de propiedad privada y reformar nuestro extremadamente injusto y complejo sistema impositivo.

Acabar con la pobreza. ¡Vamos a Hacerlo!

No hay nada que me pueda hacer entender porque, en un país rico como los Estados Unidos, tendría que condenarme a ser mínimamente educado, ser alienado socialmente y aún criminalizado, ser pobre y tener que ver a mis propios hijos condenados a la misma vida y a repetir todo otra vez, simplemente por donde nací y de quienes son mis padres. Similarmente, no veo porque el mero hecho de que hayas nacido en una familia acomodada que fue capaz de darte una buena educación, buenas conexiones de negocios y una ventaja al principio te de el derecho de mirarme despectivamente, y culpar a mi holgazanería, deshonestidad o incompetencia de mi situación miserable.

Afrontémoslo: aún nuestros hábitos de trabajo, rasgos de carácter, talentos e inteligencia son principalmente cuestiones de herencia y suerte. No hay razón que pueda seguir defendiéndose para que existan personas indigentes y desesperadas en una tierra de abundancia[20]. Es más, no hay razón que pueda seguir defendiéndose para que existan personas indigentes y desesperadas en un *mundo* de abundancia. La pobreza puede y debe ser eliminada, en una generación a lo sumo.

Otra vez, la mayor parte del trabajo de eliminar la pobreza en nuestro país y en el mundo puede ser realizado simplemente eliminando las actuales distorsiones e injusticias en nuestro sistema que evitan que constituya un campo de juego parejo para todos nosotros. Pero, puede ser que se necesiten medidas más directas.

Por ejemplo, ya hemos hablado acerca de la educación y los servicios de salud. Asegurándonos que todos los niños tengan acceso a una buena educación y a buenos servicios de salud –también provistos a través del sistema de educación pública si es necesario- habremos avanzado bastante en asegurarnos de que la brecha de la pobreza se cierre dentro de una generación. Pero, ¿Qué pasa con el ambiente en el hogar, y las lecciones de desesperanza y degeneración que la

---

[20]   Se estima, con base en los Indicadores de Desarrollo del Banco Mundial que el Producto Bruto Mundial per cápita PBM-PPA (PPA-Paridad por Poder Adquisitivo) es de cerca de $9,700. La renta mundial, igualitariamente distribuida, proveería a todas las familias de cinco personas una renta de cerca de $48,500 en 2008. Esa es abundancia, para la estimación de cualquiera, para proveer una vida digna y decente a todos. La riqueza existe. Lo que todavía hace falta es la voluntad.

pobreza extrema puede dar a los niños en esos ambientes? ¿Qué puede hacerse para asegurarnos que todas las familias puedan costear también al menos lo básico, para mantenerse unidos como familias que proveen un buen hogar para la crianza de todos los niños?

Uno de los pensadores más creativos en este tema del siglo pasado, ampliamente reconocido como y en muchas maneras verdaderamente un ultra-conservador, fue el Catedrático de Economía en la Universidad de Chicago y laureado con el Premio Nobel, Milton Friedman. En su libro clásico de 1962 *"Capitalismo y Libertad"*, el propuso un sistema simple y económico para implementar una renta mínima garantizada para todas las familias, basado en lo que él llamó un "impuesto negativo sobre la renta".

Básicamente, lo que él sugería era usar el ya existente aparato para la recolección del impuesto sobre la renta para asignar también una cierta cantidad de fondos a todos los contribuyentes y sus familias, reemplazando así –con un sistema simple, fácil de administrar y de bajo costo- todos los otros programas de bienestar social burocráticos y de alto costo como los Cupones de Alimento y la Ayuda a Familias con Hijos a su Cargo. Aquellos contribuyentes que reportaran menos de una cantidad mínima de renta devengada sin deber impuesto, de hecho recibirían dinero en efectivo de la Oficina de Impuestos Internos (IRS) para ayudarlos a obtener un nivel de renta mínimo deseado, mientras aquellos con rentas más altas y obligación de pagar impuesto podrían acreditar su asignación hacia el pago de sus impuestos.

Ensayos de campo reales de un sistema de mantenimiento de una renta mínima garantizada involucrando casi nueve mil familias, incluyendo grupos experimentales y de control, fueron conducidos en los Estados Unidos entre 1968 y 1978.[21] A cada familia en un grupo experimental el gobierno le entregaba

---

[21] 1) Áreas Urbanas en Nueva Jersey y Pensilvania de 1968 a 1972, involucrando a 1300 familias; 2) Áreas rurales en Iowa y Carolina del Norte, 1969-1973, 800 familias; 3) Gary, Indiana, 1971-1974, 1800 familias; y, 4) Seattle y Denver, 1970-1978, 4800 familias.

una renta garantizada independientemente si alguien en la familia trabajaba o no. No había ningún tipo de condicionamiento. Los grupos de control no recibieron ningún trato especial.[22]

Los resultados fueron sorprendentemente positivos:

- Pocos sujetos en los grupos experimentales dejaron sus trabajos.

- Algunos acortaron el número de horas trabajadas, en 7% en un grupo, 6% en dos grupos y únicamente en un 1% en el cuarto grupo.

- Muchos en los grupos experimentales usaron su renta garantizada para adquirir entrenamiento extra y encontrar mejores trabajos.

- 25% de los sujetos en los grupos experimentales eventualmente (pero dentro de las relativamente breves vidas de los ensayos, mira la referencia de pie de página) ganaron lo suficiente para ya no ser elegibles para recibir la renta mínima.

Los evaluadores concluyeron que los programas de asistencia en efectivo no causarían un retiro masivo de trabajadores de la fuerza laboral, como muchos habían temido. Cuando se combinan con asistencia en la búsqueda de empleo y acceso a los trabajos de servicio público, se determinó que estos programas resultarían de hecho en un incremento del esfuerzo laboral. Estos fueron los resultados consistentes reunidos de la cuidadosa observación y documentación de la conducta de casi nueve mil familias en cuatro grupos de estudio, incluyendo diferentes etnias y asentamientos tanto rurales como urbanos de Seattle a Nueva Jersey y Carolina del Norte.

Aunque a principios de los 1970s el Congreso consideró propuestas legislativas para establecer un Impuesto Negativo Sobre La Renta en Los Estados Unidos,

---

[22]   La información de estos experimentos proviene de un manuscrito referenciado en *Wikipedia* escrito por Allan Sheahen, autor de *"Renta Garantizada: El Derecho a la Seguridad Económica"*, publicado en 1983.

los tiempos eran turbulentos y no adecuados todavía, así que esos esfuerzos resultaron infructuosos. Otro ejemplo del triunfo del inmovilismo sobre el cambio, y una desafortunada falta de imaginación.

Imagina los dividendos para nuestra sociedad presente provenientes de una mejor salud, educación y productividad de los niños que fueron criados en familias capaces de continuar sosteniendo sus cabezas en alto y mantener su dignidad como resultado de estos programas. Imagina las tragedias humanas y costos sociales que podrían haber sido evitados al salvar aunque sea un pequeño número de estos niños de las drogas y la delincuencia.

Esto podría haber sido hecho. Esto puede ser hecho ahora, a relativamente bajo costo, y con incalculables beneficios económicos y sociales para nuestros países en el futuro.

Que ningún niño se quede atrás.

Que ninguna familia se quede atrás.

¡Que nadie se quede atrás!

¡Qué mundo podríamos construir si nosotros comenzamos ahora mismo!

Redefinir Los Derechos de Propiedad y Sus Responsabilidades

¿Qué es propiedad de todas maneras? ¿Qué significa para un ser humano mortal "poseer" un carro de motor? ¿Una pintura bonita? ¿Un buen libro? ¿Un perro labrador? ¿Una granja de 600 acres?

¿Qué significa para una "persona" corporativa poseer una planta de acero, una mina de carbón o una porción de bosque de 20000 acres? ¿Una patente farmacéutica?

Estas son preguntas altamente matizadas y complejas. Han existido muchas definiciones de propiedad a través del curso de la historia y las distintas sociedades y sus sistemas legales, y siempre han variado dependiendo del tipo

123

de propiedad en cuestión. No es lo mismo poseer un libro a poseer un perro o un pedazo de tierra.

En general, la idea de propiedad puede ser concebida como un paquete de derechos y responsabilidades. No es una relación entre personas y cosas, sino más bien una relación –sujeta de discusión, evolución histórica y cambio- *entre personas,* con respecto a las cosas.

Tradicionalmente, cuatro atributos principales de los derechos de propiedad se han propugnado:

1. Control del *uso* de la propiedad.

2. Derecho a cualquier *beneficio* de la propiedad.

3. Derecho de *transferir* o vender la propiedad.

4. Derecho de *excluir a otros* de la propiedad.

Mientras la discusión se mantiene restringida generalmente a los derechos conferidos por la propiedad, en la ley, en la práctica y en todos los casos, los derechos de propiedad están restringidos y también imponen responsabilidades al dueño de la propiedad. Todo lo cual es sostenido, en diferentes formas dependiendo el lugar, por un pacto social promulgado en la ley para alcanzar un propósito social.

Por ejemplo, yo puedo "poseer" un vehículo y la propiedad me da privilegios en su uso, en comparación a otras personas. Pero yo únicamente puedo usarlo, o permitir que sea usado, si el carro está registrado en mi Estado de residencia, si he pagado por y he colocado las etiquetas de licencia de la manera designada, dentro de ciertos límites como la velocidad, y sobre caminos y autopistas o algunos otros pocos lugares donde es permitido conducir un vehículo. Tengo el derecho de beneficiarme del carro, quizás usándolo como taxi, pero únicamente si cumplo con requisitos adicionales de licenciamiento y otras condiciones. Puedo vender el carro, pero, otra vez, únicamente si se cumplen ciertos requisitos regulatorios y si pago los impuestos pertinentes. Aún el derecho de excluir a otros de la propiedad está restringido en algunos casos, como por ejemplo, mi obligación de permitir que el operador de una grúa tome el control del vehículo y lo quite a la fuerza si ha sido dejado en un área prohibida.

¿Qué de un libro? Yo puedo "tener" un libro en el sentido de ponerlo donde yo quiero, leerlo cuando yo quiero, aprender de él, venderlo y evitar que otros lean mi copia si así lo deseo. Pero yo no puedo copiarlo ni reproducirlo electrónicamente –supuestamente en todo o en parte- sin el permiso del dueño de los derechos de autor (por un cierto número de décadas hasta que entre al "dominio público"). No puedo citarlo erróneamente sin exponerme a una posible penalidad.

Puedo "usar" mi perro (cualquier cosa que eso signifique), pero no puedo abusar de él. Puedo trabajar mi granja, y vender las cosechas que produce, pero no puedo deliberadamente y ni siquiera negligentemente permitir que el suelo se erosione o que los acuíferos se contaminen.

Las corporaciones –cuyos derechos se derivan de su reconocimiento por parte del Estado como "personas" legales- también están restringidas por la ley y por la práctica del ejercicio totalmente libre e irrestricto de sus derechos de propiedad.

Su uso, usufructo, transferencia y derechos de exclusión están todos estrictamente limitados por la ley, aunque quizás en diferentes formas, ya sea que estemos hablando de un molino de acero, una mina de carbón o un bosque.

La definición legal de nuestros derechos y responsabilidades con respecto tanto a las cosas reales como a las "cosas" intangibles es lo que se entiende por "derechos de propiedad". Los derechos de propiedad son y siempre han sido nada más que una construcción social, elaborada en consonancia con las creencias y tradiciones de una sociedad en particular, con la intención de facilitar el funcionamiento de esa sociedad de acuerdo con alguna concepción del bien público. No hay nada sagrado con respecto a ellos, nada más que cualquier otra clase de legislación que confiere derechos e impone responsabilidades sobre nosotros por el bien público.

Sería útil, desde mi punto de vista, tener un debate público sobre las clases de propiedad que pensamos, como pueblo, que sería útil definir, y acerca de los derechos y responsabilidades específicas que nosotros creemos deberían conferirse a los titulares de la propiedad privada.

Por ejemplo, una distinción entre la propiedad que es "producida" por el esfuerzo humano y aquella que es recibida de la naturaleza es una importante categorización inicial. Yo pensaría que mis derechos sobre una silla que yo he hecho o sobre una fórmula química que yo he "descubierto", tendrían que ser de alguna manera fundamentalmente diferentes de mis derechos sobre un rebaño de venados o un depósito de yeso que por casualidad me encontré.

Dentro de la categoría de propiedad "producida", podríamos adicionalmente distinguir entre "mejoras", "manufacturas" y propiedad "intelectual". Uno también quisiera tal vez incluir "mano de obra" como una forma de propiedad producida que "nos pertenece".

Nuestros derechos sobre la propiedad producida deberían ser obviamente muy fuertes. Si no fuera por nuestro esfuerzo, o el esfuerzo que hemos "comprado" de otros, estas clases de propiedad no existirían para nada. Porque nosotros como sociedad nos beneficiamos todos de los esfuerzos individuales de los otros para producir formas útiles de propiedad, nuestra legislación debería –y de hecho lo hace- conferir derechos muy amplios y fuertemente protegidos en esta categoría.

Nuestros "derechos" sobre la propiedad que todos hemos –como los actuales inquilinos de este planeta Tierra- recibido de la naturaleza son sin embargo, una historia totalmente diferente. Aquí, la existencia o no-existencia de la "propiedad" en cuestión es totalmente independiente de cualquiera de nuestros esfuerzos individuales. Esta propiedad –o más precisamente el responsable uso de esta propiedad durante nuestras vidas- es un "regalo" que hemos recibido de la naturaleza. Ninguna persona, individual o corporativa, tiene un derecho a *priori* sobre tal propiedad, y es estrictamente una cuestión social que derechos deben ser conferidos a los individuos y corporaciones sobre el uso de tal propiedad, y bajo qué condiciones, maximizando el valor de nuestro regalo para nosotros mismos y para las futuras generaciones que también tienen derecho sobre él. De hecho, es más útil pensar en términos de "derechos de uso" en lugar de "derechos de propiedad" cuando nos referimos a estas categorías de propiedad.

Los regalos que todos hemos recibido de la naturaleza, los "recursos" naturales comunes del planeta Tierra, pueden ser clasificados en "renovables" y "no-renovables". Los recursos naturales renovables –bosques, cuencas hidrográficas, y suelos, por ejemplo- pueden en principio bajo un manejo adecuado y responsable ser usados para siempre sin que mermen en cantidad ni en calidad.

Los recursos naturales no-renovables, depósitos de carbón o de tungsteno, por ejemplo- tarde o temprano serán agotados y tendrán que ser reemplazados por alguna otra cosa, probablemente más costosa, para producir los beneficios que actualmente obtenemos de su uso.

Ya que estas son fundamentalmente diferentes clases de propiedad y ya que las leyes y regulaciones que crean los derechos y responsabilidades sobre la propiedad clara y directamente afectan la manera en que esta es usada, es claramente de nuestro interés, desde una perspectiva de política pública, diferenciarlas legalmente. De hecho, mucha de la legislación existente ya lo hace, pero sin la claridad, consistencia y coherencia necesaria para que emerjan los principios básicos subyacentes.

Sin profundizar demasiado, los principios básicos que yo propondría para considerarlos son:

- En la medida que hacerlo no dañe a otros, deberíamos ser libres de usar y de consumir la *"propiedad producida"* según nuestra voluntad y como lo deseemos.

- El uso de *recursos naturales renovables* debería acarrear la responsabilidad y obligación legal de asumir los costos que aseguren que el recurso no sea agotado ni disminuido, ya sea en cantidad o calidad; si esto no es posible tecnológicamente, y el uso de algún recurso renovable críticamente importante necesariamente implica algún nivel de degradación, entonces esta debería ser mantenida a un mínimo, y, a través de la imposición de tarifas de uso, las corporaciones a las que se les ha dado acceso al uso destructivo de tales recursos, y nosotros como consumidores responsables en última instancia, deberíamos pagar el costo de compensar a las futuras generaciones de alguna manera y/o generar alguna clase de reemplazo equivalente si eso fuera posible.

- El uso de recursos naturales no renovables debería siempre e inequívocamente requerir el pago de tarifas de uso –para desanimar el consumo excesivo en la medida de lo posible- para compensar a la sociedad por los costos de desarrollar reemplazos o de quedarse sin los beneficios que actualmente disfrutamos a través del agotamiento de nuestros regalos.

Este simple marco puede ayudar mucho a clarificar lo que queremos decir por "derechos de propiedad" en una sociedad libre, democrática y humana, y hacer posible la construcción de los incentivos y desincentivos correctos dentro de nuestro marco de leyes y regulaciones en el futuro.

Poner Bajo Control Los Recursos Comunes Del Planeta

Finalmente, y volveremos a tocar brevemente este tema en nuestra discusión de un nuevo marco regulatorio internacional para aplicar universalmente los estándares de protección medio ambiental y de derechos laborales, también será necesario definir y legislar sobre los derechos de propiedad y responsabilidades por los recursos que ahora son considerados "comunes", tales como la atmósfera, nuestros océanos y la fauna y flora que vive en ellos. A menos que se regule adecuadamente por un cuerpo internacional democrático, competente y legítimo, la propiedad "común" es propiedad de nadie, y es tratada como si no tuviera más valor para nadie que las ganancias de corto plazo que pueden ser obtenidas por la más despiadada y miope explotación imaginable.

Reformar Nuestro Sistema Impositivo

Es ampliamente reconocido que el Código Fiscal de Estados Unidos es extremadamente complejo, engorroso y costoso de aplicar, y a la larga injusto debido a la relativa facilidad, en comparación con los que devengan un salario, con la cual individuos con dinero y las corporaciones son capaces de formular estrategias efectivas para evadir impuestos.

Impuestos a la renta personal y corporativa tienen el defecto adicional de desanimar el ahorro y crear desincentivos para el crecimiento. Los proponentes del así llamado Impuesto Justo y sus variantes recomiendan el reemplazo de los actuales impuestos federales con un impuesto nacional a las ventas al consumidor, o, alternativamente, con un impuesto nacional al valor agregado. Ambas opciones proveerían un mecanismo alternativo relativamente simple y transparente para generar los ingresos necesarios para sostener los gastos del Gobierno Federal, y, si se combina con reembolsos de acuerdo al nivel de pobreza como se propuso anteriormente, evitaría un mayor daño a la posición económica de los pobres.

El "pre-reembolso" del Impuesto Justo forma parte del esquema para implementar un sistema de renta mínima garantizada, como fue sugerido anteriormente, y podría ser ampliado modestamente[23] para cumplir también una meta más amplia.

---

[23] Es difícil encontrar cifras exactas o creíbles sobre la pobreza en Estados Unidos. Pero para usar algo parecido a las cifras oficiales, hay aproximadamente 15 millones de hogares conteniendo cerca de 25 millones de personas abajo del umbral federal de pobreza, y la "brecha" promedio por hogar de 2 está en el orden de $7,000 anuales. Superar totalmente esta brecha a través de un programa de renta mínima garantizada costaría cerca de $135 billones anualmente, una cifra que está claramente dentro de nuestras posibilidades.

El impuesto federal sobre la renta en vigor actualmente es ligeramente progresivo en su incidencia en los hogares con diferentes niveles de ingresos. Esto quiere decir, que los hogares más ricos pagan una proporción mayor de sus ingresos totales de lo que pagan los hogares con menores ingresos. De hecho, los hogares en la mitad inferior de la distribución del ingreso en los Estados Unidos no pagan o pagan muy poco de impuesto sobre la renta personal.

Sin embargo, debido a la proliferación de vacíos legales que permiten a los ricos legalmente evadir el pago de impuestos a las máximas tasas establecidas por la ley, el impuesto a la renta personal está de esa manera de hecho gradualmente "aplanándose" en los Estados Unidos, con una porción cada vez más grande de la carga del Impuesto Sobre la Renta Personal siendo trasladada a las clases media y media alta.

Los impuestos sobre la nómina de pago, y en particular el impuesto del Seguro Social, son bastante regresivos, con un relativamente bajo nivel de ingreso establecido como techo para su aplicación. Tomados en conjunto, el Impuesto Sobre la Renta Personal y el Impuesto a la Seguridad Social, los cuales deberían ambos ser reemplazados por un Impuesto Nacional a las Ventas o al Valor Agregado según propuestas actualmente circulando entre algunos economistas y legisladores, son demasiado planos y quizás aún algo regresivos. El impacto potencial de un cambio hacia un sistema impositivo basado en el consumo necesita ser estudiado más extensamente, pero no es evidente en este momento que tal cambio conduciría a una mayor o menor regresividad en la incidencia de todos los impuestos federales pagados por los individuos. Además, el grado de regresividad o progresividad de un sistema impositivo basado en el consumo puede ser controlado mediante la exención de ciertas clases de bienes de consumo básico y/o ajustando la cantidad de reembolsos integrados en el sistema para eximir a las familias de menores ingresos de cualquier carga impositiva, y de verdad, asegurarse de que sean capaces de disfrutar un nivel de ingreso mínimo garantizado.

En un sistema impositivo basado en el consumo de los individuos será, muy plausiblemente, mucho más difícil para los grupos más poderosos y adinerados de distorsionar a través de la introducción gradual de vacíos legales y paraísos fiscales, y finalizará la penalización a los ahorros e inversión, como es el caso actualmente con el Impuesto a la Renta Personal.

Simplicidad, facilidad, transparencia y economía en la aplicación, y la remoción de desincentivos a conductas socialmente beneficiosas son algunas de las muchas ventajas que hacen recomendable la reforma.

Adicionalmente al impuesto único al consumo aplicado a individuos y hogares, pero en un espíritu similar, este autor también propondría desarrollar un "impuesto de uso" para ser aplicado a las corporaciones que, en nuestro nombre y para nuestro beneficio, "consumen" recursos naturales no-renovables o no son capaces de mitigar enteramente la degradación de recursos naturales renovables usados en sus procesos de producción.

No debería ser muy difícil establecer tasas de uso para los recursos claves en el sector corporativo de los Estados Unidos y determinar cuál sería un nivel *sin incidencia en el ingreso* para que la aplicación del impuesto de uso reemplazara completamente al Impuesto Sobre la Renta Corporativa en vigor actualmente (asumiendo que la *no incidencia en el ingreso* sea una característica importante, lo cual no es necesariamente el caso). El impuesto propuesto al uso corporativo de los recursos naturales tendría un efecto fuertemente positivo para alentar a las corporaciones a conservar los recursos e impulsar el desarrollo de tecnologías que conserven los recursos.

La introducción de un simple sistema de "impuesto al uso" para ser aplicado a las corporaciones en una manera comparable al impuesto al consumo aplicado a los individuos también tendría el beneficio de distribuir la carga tributaria entre individuos y corporaciones –permitiendo aplicar menores tasas impositivas en cada esfera mientras se mantiene cualquier nivel global de ingresos dado.

Reducir El Gasto Militar

En total, los gastos relacionados con lo militar del Gobierno Federal de los Estados Unidos alcanzaron un aproximado de $626.1 billones en 2007, incluyendo aproximadamente $170 billones asignados para financiar las guerras de Afganistán e Irak. Esa cantidad está cerca del PIB total de Holanda o Australia, y es más que el PIB total de 167 países de acuerdo a las estimaciones de ingresos del Banco Mundial, esto significa, que es una cantidad mayor que el PIB total de todos excepto los 16 países más ricos del mundo, incluyendo los Estados Unidos mismos. Es por mucho la cantidad más grande gastada en armas y ejércitos por cualquier país del mundo, y absorbe cerca de la mitad del gasto discrecional en el Presupuesto Federal de los Estados Unidos.

¿Hay algo malo con eso?

¿Hay alguna manera en que políticas más inteligentes pudieran ayudarnos a ahorrar una porción substancial de ese gasto?

Sí. Obviamente.

Estamos en el camino equivocado. No vamos a pacificar al mundo, ni recrearlo a nuestra imagen y semejanza, a punta de pistola.

Primero, tratemos de minimizar las amenazas que enfrentamos utilizando medios mucho más económicos y productivos, que a la vez mantengan nuestra capacidad de protegernos completamente el 99.9% del tiempo. O hagámoslo el 99.999%, o cualquiera que pudiera ser el nivel apropiado de seguridad. El punto es que, es imposible alcanzar un 100% de seguridad todo el tiempo, nos volveremos locos y nos consumiremos en nosotros mismos, si lo intentamos.

Si bien deberíamos intentar un retiro gradual tanto de Afganistán como de Irak tan pronto como sea posible, será imposible hacerlo precipitadamente. Por eso, mientras tenemos que hacer de esto una meta prioritaria en el mediano plazo para reducir significativamente nuestro gasto en nuestras fuerzas militares, será inevitablemente necesario embarcarse en otros programas primero –programas que mejorarán nuestra seguridad mediante la estabilización de regiones peligrosas del mundo a través de la cooperación política y económica- luego, en segundo lugar, evaluar nuestro progreso. Sólo entonces, en tercer lugar, podremos comenzar una reducción de fuerzas militares, juiciosa y a largo plazo. Pero el proceso tiene que comenzar ahora.

Protección Medio Ambiental y de los Derechos Laborales

Estándares Globales y Aplicación Uniforme

Como se hizo referencia arriba, uno de los mayores problemas con nuestro sistema actual en lo que respecta a este tema es que los países y las leyes en su mayor parte solo tienen jurisdicción nacional –y la aplicación efectiva y aún semi-efectiva sólo existe a nivel nacional- mientras que las corporaciones multinacionales modernas operan en un nivel verdaderamente global y generalmente pueden escapar fácilmente o esquivar la jurisdicción de cualquier país. Es muy fácil y lucrativo para las corporaciones "irse de compras" por el mundo buscando las regulaciones medio ambientales y laborales menos restrictivas y menos costosas. Y así, por supuesto, lo hacen. Y terminamos consumiendo productos que a la larga nos van a matar, o matarán a nuestros vecinos en países más pobres, o a los hijos de nuestros hijos.

Esto por supuesto tiene que detenerse, y la única manera de hacerlo es estableciendo un nuevo nivel de cooperación internacional para establecer estándares uniformes –o al menos compatibles[24]- para la protección medio ambiental y laboral. La aplicación, para ser efectiva, ineludible y uniforme

---

[24] Es tal vez válido considerar permitir ligeramente menos severos estándares para los países pobres durante un período de transición en el cual otras ajustes deberán realizarse. Por ejemplo, muchos países pobres en el mundo todavía tienen una semana laboral más larga que los países ricos, y traería penurias a los trabajadores repentinamente reducir el máximo legal de número de horas laborales mientras no haya oportunidad de ajustar el salario por hora también.

debería ser realizada por un organismo internacional análogo a la OMC que impusiera fuertes y uniformes sanciones, con el apoyo de los gobiernos miembros del nuevo organismo internacional, por infracciones cometidas en cualquier parte del mundo.

Recursos Comunes

En segundo lugar, se requiere una cooperación internacional más efectiva para controlar la explotación de recursos globales –tales como los recursos pesqueros y algunas clases de vida salvaje- que no caen bajo la jurisdicción de ningún gobierno nacional, o quizás sólo bajo la jurisdicción de gobiernos relativamente débiles que necesitan de asistencia para preservar su base de recursos naturales. La pesca incontrolada, realizada bajo la presión inexorable del mercado, está conduciendo a la extinción de especie tras especie. La pesca global está en declive, y está cada vez más contaminada con mercurio o enfermedades, justo cuando estamos descubriendo los beneficios crucialmente importantes para la salud de incluir pescado en nuestras dietas.

Las ballenas están siendo cazadas para satisfacer los apetitos depravados de los *epicúreos* japoneses, los huevos de tortuga continúan siendo ofrecidos a consumidores en búsqueda de un afrodisiaco a lo largo de toda la costa de Centroamérica y México, los leones marinos están siendo masacrados por pescadores pobres e ignorantes en Perú quienes no pueden sobrevivir la competencia que aquellos representan, elefantes, tigres y gorilas de montaña están desapareciendo de los bosques de África y Asia para hacer espacio para más desesperanzadora miseria humana en cada vez más trágicamente degradados medioambientes.

Etcétera, etcétera, etcétera. Así que, la creación de otra organización internacional parecida a la OMC específicamente para cuidar las especies salvajes alrededor de todo el mundo, que actualmente "no pertenecen a nadie" es una necesidad urgente.

Industrias Médicas y Farmacéuticas

En tercer lugar, es importante hacer algo significativo acerca de la dirección que actualmente está tomando la profesión médica y las industrias farmacéuticas alrededor del mundo. Conducidas dentro de un marco enfocado en el mercado, la medicina y la investigación médica son forzadas a adoptar un esquema de maximización de ganancias que a la larga se sesga hacia la preservación de la vida bajo condiciones de enfermedad crónica, sobre la prevención o cura de la enfermedad. No hay, o hay muy poco, dinero en la prevención o cura.

Así que ya no se hace más. Es tan simple como eso, y todos estamos pagando el precio tanto monetariamente como en el deterioro de nuestra calidad de vida.

El costo de mantener a la gente "enferma pero con vida" es exorbitante, y nos está quebrando como individuos conforme vamos alcanzando una edad avanzada, y como sistemas nacionales de salud a medida que nuestras poblaciones se vuelven más viejas. Tenemos que encontrar las maneras de restaurar los incentivos y eliminar las barreras con el fin de fomentar una mayor inversión y esfuerzo, de parte de los profesionales médicos y de los investigadores médicos y farmacéuticos, en enfoques preventivos y curativos de la enfermedad. Esto puede requerir acción directa o subsidios de parte del sector público, mayor cooperación internacional en investigación y desarrollo, licenciamiento de practicantes de formas alternativas de medicina, estimular el desarrollo de un mercado global de servicios médicos, más esfuerzos para prevenir los efectos adversos de las toxinas, con las que contaminamos el medio ambiente, sobre la salud pública, etc.

Es un tema extenso y complicado. Sin embargo, el primer paso para encontrar buenas y prácticas soluciones –el cual no ha sido dado todavía por nuestros gobiernos- es reconocer que el sistema actualmente no está funcionando como debería, y que bien puede haber alternativas más efectivas disponibles. El segundo paso, y aquí es donde entramos nosotros como ciudadanos, es que nuestros gobiernos encuentren la fortaleza moral para resistir las presiones fenomenales que pueden ejercer los intereses creados en el sistema actual, incluyendo específicamente las ejercidas por las industrias de los seguros de salud, farmacéuticas y médicas que entre todas mueven trillones de dólares.

Esto se reduce a la política y a la influencia del dinero sobre el control de los políticos bajo el sistema distorsionado actual. Esto puede ser arreglado, y nosotros podemos arreglar esto en el transcurso de una década –no más- si comenzamos ahora.

Restaurar la Seguridad y la Integridad Social

El tercer gran "mal" que identificamos desde el principio como un sub-producto integrante aunque no deseado del funcionamiento de nuestro sistema es la desintegración social y la violencia. Estrechamente relacionado con el primer gran "mal" –nuestro abandono de billones de personas a un destino de abyecta pobreza- la desintegración social y la violencia deben ser primero abordadas a un nivel sistémico, a través de acciones claras y contundentes para eliminar los sesgos y los bucles de retroalimentación destructiva que actualmente funcionan para trasladar y concentrar los impactos de los choques exógenos negativos sobre los más débiles entre nosotros, y los cuales ponen a enfrentar a los pobres contra sus pares en una competición global, fría y cruel para obtener el favor comercial de los ricos. Estos mecanismos, que –yo creo- se desarrollaron casi "naturalmente", con poco pensamiento, premeditación o acción deliberada de parte de nadie en el transcurso de miles de años de historia humana, son intrínsecamente injustos e injustificables. La seguridad y la cohesión social nunca pueden coexistir con la injusticia, y debemos elegir ahora entre una cosa o la otra.

Predicar con el Ejemplo

Así que, las cosas más importantes que necesitan hacerse para mejorar nuestra seguridad y hacer nuestras sociedades más estables y cohesivas son cosas de las que ya hemos hablado extensamente:

136

- Asegurarnos de que las reglas del comercio internacional y de competencia sean aplicadas igualitaria y justamente.

- Asegurarnos de que las regulaciones sobre la protección del medioambiente y de los derechos de los trabajadores sean aplicadas igualitaria y justamente alrededor del mundo.

- Definir la base conceptual de los derechos de propiedad y sus responsabilidades, distinguiendo entre propiedad producida y los regalos que hemos colectivamente recibido de la naturaleza; y de acuerdo con eso reformar el marco regulatorio y las políticas fiscales.

- Establecer nuevas instituciones internacionales con autoridad para supervisar la aplicación de las regulaciones de protección al medioambiente y a los derechos laborales, y ejercer jurisdicción sobre lo que ahora son considerados recursos globales.

- Que realmente ningún niño se quede atrás.

- Moverse agresivamente y rápido para corregir las más extremas injusticias en ingresos y la incapacidad que actualmente tienen millones de familias alrededor del mundo para asegurarse la satisfacción de sus necesidades humanas básicas de sobrevivencia y dignidad.

Nosotros podemos hacer todo esto, si así lo decidimos. Y ahora que sabemos que lo podemos hacer, debemos hacerlo, o arriesgar nuestras almas en el día del juicio final.

Adicionalmente, existen otros específicos que también pueden ser identificados y recomendados para posterior análisis y evaluación.

Crear Organizaciones de Seguridad Internacional Efectivas

Lo primero en esto debe ser el fortalecimiento y democratización de las organizaciones internacionales –que actualmente existen o de las que están por crearse- concernientes con el mantenimiento de la seguridad internacional. El Consejo de Seguridad de las Naciones Unidas es una de tales organizaciones. La OTAN es otra. Hay muchas otras que ya existen, con diferentes grados de funcionalidad e importancia.

Uno de los problemas claves de tales organizaciones en el presente es su gobierno. Ya sea, como en el caso de la OTAN y otras organizaciones de seguridad regional establecidas bajos los auspicios de los Estados Unidos, que son regionales, ideológicas y basadas en lo militar y por ello exclusivas, o, como en el caso de las Naciones Unidas y sus organizaciones afiliadas, que son ampliamente inclusivas pero plagadas de inconsistencias e incoherencias en términos de las reglas de su propio gobierno.

Por ejemplo, la Asamblea General de las Naciones Unidas actualmente cuenta con 192 Estados miembros, y es gobernada por la regla de "un Estado, un Voto". Una gran cantidad de los Estados representados están muy lejos de ser ellos mismos gobernados democráticamente, y por eso sus votos son únicamente representativos de sus dictadores y sus intereses, no de sus poblaciones. En segundo lugar, "un Estado, un Voto" significa que países muy pequeños y débiles tienen el mismo voto que países grandes y fuertes. Se ha estimado, por ejemplo, que países representando únicamente el 8% de la población mundial podrían, teóricamente, organizar una súper mayoría de 2/3 en cualquier votación de la Asamblea General.

Bajo las circunstancias, darle crédito o regirse por los votos de la Asamblea General de las Naciones Unidas sería obviamente absurdo e insensato y, en la práctica, este organismo es mayoritariamente ignorado por las principales potencias mundiales.

El Consejo de Seguridad de las Naciones Unidas está conformado por cinco miembros permanentes cada uno de los cuales tiene poder de veto (China, Estados Unidos, Francia, Reino Unido y Rusia, mencionados en el acostumbrado orden alfabético), y diez miembros temporales que son seleccionados por la Asamblea General para participar por períodos de dos años. Aún aquí, dos de los cinco miembros permanentes representan gobiernos que están muy lejos de ser democracias representativas y por eso únicamente podemos asumir que votan de acuerdo a los intereses de sus élites gobernantes, mientras las prácticas electorales y gubernamentales de los otros tres miembros también podrían ser sujetas a una considerable mejora, como hemos discutido extensamente en secciones anteriores. Usualmente cuando un problema llega ante el Consejo de Seguridad de las Naciones Unidas, uno o más de los cinco miembros permanentes tienen intereses creados en el resultado, y ha sido difícil desarrollar un procedimiento que conduzca a un resultado diferente del que resultaría de todas maneras de la interacción directa entre las súper potencias en el escenario mundial.

¿Así, qué beneficio tiene eso?

Una buena pregunta sin ninguna respuesta clara por el momento.

Ahora existen instituciones internacionales que carecen ya sea de legitimidad y credibilidad o de eficacia, o de ambas.

Es realmente difícil concebir que los cuerpos internacionales lleguen a ser efectivos en el mantenimiento de la seguridad internacional en la ausencia de cambios fundamentales en su membrecía y en la manera en que se gobiernan. Pero, los problemas de seguridad internacional son obviamente de tan crítica importancia y tan amenazadores para todos nosotros que no podemos continuar dejándolos simplemente a la ley del cañón más grande.

Un enfoque podría ser construir en dos direcciones simultáneamente. Una primera, continuar fortaleciendo las organizaciones ya existentes de seguridad regional enfocándose primordialmente en la solución de disputas entre los miembros regionales, y en organizar la defensa común contra posibles ataques de no-miembros. Estas organizaciones son fuertemente influenciadas por consideraciones militares, y probablemente deberían continuar siéndolo, aunque estas pueden por supuesto ser ampliadas –como ya lo han hecho los principales pensadores militares- para incluir consideraciones de las implicaciones militares y de seguridad de las políticas económicas, sociales y electorales dentro de sus regiones.

Una segunda dirección, sería tal vez una nueva o reformada organización internacional partiendo de la idea con la que fue establecida originalmente la Liga de Naciones y las Naciones Unidas, constituiría una organización de naciones *democráticas* unidas donde la primera orden del día entre los miembros sería la asistencia mutua en la perfección de sus propios sistemas internos de gobierno. En el proceso de establecer las Naciones Democráticas Unidas (N.D.U.) los miembros fundadores, por supuesto, tendrían el reto de definir los estándares mínimos que deben cumplir los candidatos a miembros para su admisión –una tarea difícil pero indudablemente de lo más productiva y gratificante en sí misma. Luego vendría la tarea de desarrollar un sistema de votación justo y efectivo para gobernar la nueva organización. Esto requerirá mucha creatividad, pero algo útil puede ser concebido para permitir a la organización establecer su credibilidad, mantener el apoyo de sus miembros y funcionar efectivamente. Alguna clase de sistema de voto ponderado probablemente necesitaría ser desarrollado entre los miembros de la N.D.U, quizás utilizando una mezcla del tamaño de la población, por un lado, y alguna medida realista del poder relativo por el otro. Quizás los pesos relativos dados a la población y al "poder" podrían ser diseñados para alternarse en períodos sucesivos, dando a los miembros un incentivo para estructurar y mantener un sistema tan balanceado y equitativo como sea posible.

Sin embargo debe hacerse, necesitamos organizaciones internacionales funcionales y efectivas para abordar la proliferación de múltiples problemas que sólo pueden ser resueltos a través de la cooperación internacional. La única otra alternativa es la hegemonía de un nuevo poder imperial sobre el planeta entero, y este claramente no es el camino para la paz y seguridad internacional.

Enfrentar los Problemas de las Drogas y su Comercio Criminal

Una gran cantidad de violencia callejera, mucha de la corrupción de oficiales públicos en todos los niveles del gobierno e inmensos costos financieros y sociales se originan del consumo, distribución y producción de drogas ilegales. Nadie sabe exactamente cuan grandes son los números, pero los estimados del valor en la calle de las drogas ilegales consumidas anualmente en los Estados Unidos está en el orden de los $400 billones. Esta es una enorme cantidad de dinero, que contribuye fortalecer un aparato criminal internacional gigante, el cual, en muchos lugares alrededor del mundo, ha establecido también vínculos y alianzas operacionales con terroristas internacionales.

Resumiendo, nos estamos haciendo un gran daño a nosotros mismos – especialmente nuestros jóvenes- y estamos pagando carísimo por esta "ganga".

El tiempo ha llegado, en mi opinión, para la descriminalización del uso privado de drogas bajo condiciones controladas de producción, distribución y consumo que puedan asegurar que estas sustancias no continúen llegando a nuestras escuelas y a los cuerpos de niños inocentes.

Esto no quiere decir que yo recomendaría el uso de drogas de ninguna clase. Aunque, como muchos de mi generación, experimenté en un grado limitado con mariguana y LSD allá en los años 60s y a principios de los 70s, actualmente no consumo nada más fuerte que un buen Whisky Single-Malt, no confío en ellas y no me gusta tomar medicinas, ni siquiera las que se venden sin receta médica, a menos que realmente no pueda evitarlas. Yo personalmente recomendaría a cualquiera: no tomes nada que no puedas controlar, especialmente estimulantes fuertes, narcóticos u otras sustancias psicoactivas que pueden llegar a ser fuertemente adictivas.

Dile no a las drogas.

Un programa de educación pública bien financiado, serio y verdadero debería acompañar a la descriminalización como una forma de cambiar la percepción pública del uso de drogas –cambiando la imagen de audacia, emoción y diversión, por una de enfermedad y dependencia- ayudando a la gente joven a evitar el encanto y la tentación de probar "sólo una vez".

La principal, e imperiosa razón para la descriminalización del uso de las drogas bajo circunstancias controladas es destruir –de una vez por todas- el enorme valor monetario que es actualmente generado por esta actividad criminal global, y toda la violencia y corrupción que la acompaña. Si las drogas fueran distribuidas en cantidades limitadas y de manera controlada a adultos que tengan una licencia para consumirlas, con un sistema de distribución similar o idéntico al que actualmente se usa para la distribución de drogas que se venden sólo bajo prescripción médica, y si las drogas fueran producidas bajo licencia y control público, la industria ilegal de las drogas –como pasó con la industria ilegal del licor después del fin de la Prohibición en Estados Unidos durante el siglo pasado- podría ser destruida de la noche a la mañana. A diferencia del licor, que es mucho menos dañino aunque siempre es una sustancia peligrosa, no podría haber consumo ni uso de drogas público ni comercial, únicamente consumo privado en limitadas cantidades y en las propias casas de los adultos con licencia para consumirlas quienes recibirían, en el proceso de obtener su licencia, buen consejo médico y opciones de recibir tratamiento médico en lugar de la licencia. Cualquier reventa o transferencia de estas sustancias controladas a un usuario sin licencia, la conducción de vehículos y la operación de equipos peligrosos bajo su influencia serían tratadas como delitos tal como es el caso actualmente.

No es fácil aceptar el hecho de que nuestros hijos puedan estar expuestos a sustancias tan dañinas como estas, y a los "estilos de vida" que acompañan su uso. Sin embargo, esa es la realidad que afrontamos hoy. Y, así como las cosas están ahora, su exposición está siendo realizada por criminales que no tienen ninguna restricción moral o legal, y cuyo único interés es crear tanta dependencia como sea posible. La llamada "guerra contra las drogas" se ha estado luchando por al menos cuatro décadas, a un costo de trillones de dólares y millones de vidas humanas destruidas. Lejos de haberla ganado, se ha convertido en una industria en sí misma, con más y más gente alrededor del mundo –desde los campos y laboratorios de Afganistán, Colombia y México hasta las patrullas y tribunales de Los Ángeles, a los patios de las escuelas de los suburbios de Washington D.C.- descubriendo que tienen intereses creados en su continuación. La podredumbre moral que se establece como consecuencia de nuestro fracaso para tomar acción efectiva contra tan claro y presente peligro –otra vez, principalmente por la enorme cantidad de dinero que se puede hacer permitiendo que continúe- es tan malo o peor que el daño causado por el uso de estas sustancias mismo. Esta podredumbre es uno de los principales elementos que está destruyendo nuestras sociedades en Estados Unidos y partes de Europa, y tiene que ser detenida, con inteligencia en lugar de violencia.

Enfrentar la Pornografía Pública y la Violencia

Finalmente, hay otro elemento de "podredumbre" en nuestra sociedad contemporánea que también hace un gran daño a los valores morales y a la cohesión social. Este es el diluvio de pornografía y violencia que estamos actualmente experimentando a través de todos los medios de comunicación pública, ya sea el internet, cable, emisoras de televisión, revistas o vallas publicitarias. Otra vez, impulsados por una ilimitada lujuria por el dinero, la pornografía y el sadismo sin sentido les enseña a nuestros niños que no hay valores reales que valga la pena defender, y que está bien, o aún inteligente, usar a otras personas, *y a ellos mismos,* de cualquier manera imaginable mientras puedan hacer algún dinero. Nuestra indiferencia como padres a que tengamos nuestras vidas y las suyas inundadas y corrompidas de esta manera sólo sirve para confirmar esta triste realidad en sus jóvenes mentes.

¿Qué les estamos enseñando a nuestros hijos? ¿En qué clase de mundo tendrán que vivir? ¿En uno donde los ataques de las pandillas y las películas sádicas se conviertan en el pan de cada día?

Las industrias que producen pornografía e imágenes de depravación y violencia hacen grandes cantidades de dinero y son servidas por los abogados y cabilderos mejor pagados y más hábiles, quienes han logrado de alguna manera convencernos de que cualquier restricción en la distribución pública de sus horribles mercancías –de su versión de podredumbre- ¡es una infracción de nuestras propias libertades! ¿Cómo es posible que haya llegado a pasar esto? ¡Tenemos que permitir que nuestros hijos y nosotros mismos seamos expuestos casi continuamente a las más sórdidas y degradantes imágenes e ideas, en el nombre de la libertad de expresión! ¿Por qué no mejor permitimos que nos violen y masacren a nosotros mismos y a nuestros hijos de una vez? Por qué no simplemente permitimos –poco nos damos cuenta, de que está pasando de hecho mientras estamos hablando- que lo virtual se vuelva real.

Permitir que lo virtual se vuelva real. Lo virtual es *real,* y tenemos que ponerlo bajo control.

Los sinvergüenzas nos dicen que depende de nosotros como padres controlar lo que nuestros hijos tienen permitido ver. Dicen que sus sórdidos productos están disponibles únicamente a medianoche, cuando de todas maneras todos los niños deberían de estar en la cama, y que ellos han provisto chips programables especiales y otros controles que pueden limitar su acceso a materiales inadecuados.

Son mentiras. El material está donde sea, las veinticuatro horas del día, y es imposible de evitar. Aún las historietas para niños han sido infectadas, y se han quebrantado las inocentes fantasías de los infantes.

No sólo eso, es tentador. Y esa es la razón por la que vende. La pornografía y la violencia apelan a instintos reptiles, profundos y oscuros que están intrínsecamente cableados en nuestro interior y son muy difíciles de controlar. Pero debemos controlarlos, de otra manera la sociedad y a la civilización no significan nada.

Cómo y dónde trazar la línea entre protegernos a nosotros mismos y a nuestros hijos del masivo y mortalmente peligroso asalto mental y moral al que estamos siendo sujetos ahora de parte de los sinvergüenzas a nuestro alrededor, sin caer en la igualmente peligrosa trampa de permitir que seamos censurados nosotros mismos y los productos artísticos de nuestras mentes por autoridades eclesiásticas o gubernamentales dogmáticas. Es una cuestión difícil de resolver exactamente. Pero es fácil de ver que, donde sea que esa línea deba trazarse exactamente, estamos mucho, muchísimo más allá de ella ahora. Es tiempo de tomar el control otra vez, y establecer estándares morales y de decencia pública que nos puedan ayudar a nosotros y a nuestros hijos a alcanzar un más alto nivel de humanidad.

Los pornógrafos y proxenetas son la escoria de la Tierra y los sádicos son peligrosos. Retirémoslos de las ondas de aire públicas y saquémoslos de las mentes sugestionables y vulnerables de nuestros hijos y de las de nosotros mismos. ¡Retírense debajo de aquella roca! No habrá más dinero para ustedes en esta sociedad.

Como Resumen: ¿Qué está mal con el mundo? Y lo que puedes hacer al respecto

I. ¿Qué está mal?

a) Todos los seres humanos tienen derecho a una vida decente; el sistema actual no permite que eso pase; está diseñado por y para que los poderosos perpetúen sus privilegios sin importar y/o a costa de la miseria de otros; es insostenible y nos está conduciendo únicamente a cada vez más crueldad y violencia, en cada nivel de la existencia; medios no-violentos tienen que ser movilizados y usados inflexiblemente para cambiar el sistema actual permanentemente.

b) Estamos destruyendo la base de recursos y la ecología del planeta, para consentir niveles de consumo despilfarradores de unos cuantos, mientras los costos correrán a la larga por cuenta de todos; esto también es insostenible.

c) Hemos perdido nuestra brújula moral; la vida ahora se trata de la auto-indulgencia más que del descubrimiento, el compartir y el desarrollo espiritual; sin una dirección interna que nos guíe hacia un planeta justo, sano y feliz, el orden es mantenido cada vez más a través de la propaganda y la represión policial. El nihilismo y la corrupción socavan profundamente este esquema, haciéndolo también a la larga insostenible.

II ¿Qué es lo bueno?

a) Lo bueno es que nos permite maximizar el valor y gozo de nuestras vidas a través del descubrimiento y desarrollo de nuestra naturaleza espiritual esencial y de nuestra dedicación a hacer realidad un planeta justo, sano y feliz que permanecerá así para las futuras generaciones. Lo bueno es compartir lo que tenemos, lo que sabemos y lo que vemos. Lo bueno es ayudar a aliviar el sufrimiento de otros, y sentir placer del gozo de otros.

III. Lo que Puedes Hacer Para Cambiar al Mundo

a) Creer que puedes.

b) Creer que debes.

c) Encontrar a otros que crean lo mismo.

d) Entender lo que realmente pasa a tu alrededor.

e) Resistir las fuerzas que buscan reprimir o distorsionar tu entendimiento o tus creencias.

f) Resistir el nihilismo y la corrupción.

g) Decir la verdad.

h) Compartir tus creencias y tus recursos para realizar tus sueños.

i) Nunca rendirte.

j) Vivir por la vida. Vivir por tus ancestros, por tu país, por tus amigos y por tu pequeño planeta azul. Vivir por Dios y tu humanidad. Vivir por un planeta justo, sano y feliz para ti y tus hijos.

CAPÍTULO V

COMO RESPONDER A NUESTRAS CRISIS INMEDIATAS

Este capítulo final se enfocará en unos cuantos problemas y crisis actuales que son percibidos como graves amenazas, y de importancia tal que deben ser abordados por cualquier autor que escriba sobre asuntos contemporáneos, so pena de correr el riesgo de ser acusado de evitar deliberadamente las cuestiones más difíciles y contenciosas del día.

Estas son, en primer lugar:

¿QUÉ HACER CON RESPECTO A AL QUAEDA?

Esta es ciertamente la cuestión más difícil y contenciosa, y ofrezco mis pensamientos con toda humildad. Como en el análisis de cualquier otra situación difícil y que requiera de acción pronta, uno debería abordarlo comenzando por definir claramente nuestros propios objetivos prioritarios: en mi mente, el objetivo prioritario claro y primordial es definir que hacemos al respecto de Al Qaeda para asegurarnos de que no seamos sujetos de otro ataque como el que tuvo lugar el 11 de septiembre de 2001.

Protegernos contra un ataque de ese tipo requiere la mejor inteligencia posible, un alto nivel de seguridad en objetivos probables, y la capacidad de responder rápidamente para desactivar cualquier grupo que sea identificado como involucrado en actividades sospechosas contra nosotros. Esto se parece bastante a lo que las fuerzas de seguridad de Estados Unidos y sus aliados han estado haciendo desde 2001, que parece haber tenido, en términos generales, un bastante alto nivel de éxito, a pesar de las tragedias en Madrid, Londres y Bali. Las cosas pudieron haber estado mucho peor durante los años siguientes al 9/11 y en general nuestra inteligencia y fuerzas de seguridad deben ser felicitadas. Su trabajo necesita ser continuado, y continuamente re-energizado y reforzado hasta que finalmente llegue el día en que la amenaza haya sido reducida significativamente

Buena inteligencia, buena seguridad y la capacidad de tomar acción preventiva rápidamente *no son* lo mismo, sin embargo, que la invasión y ocupación de Irak. Aunque la administración Bush afirma que, instigando la guerra en Irak hemos cambiado el campo de batalla contra los terroristas a un lugar lejano, lo que en realidad es mucho más probable es que hemos alimentado una expansión masiva de sentimientos anti-occidentales y de insurgencia terrorista en el Medio Oriente, y hemos provisto un campo de entrenamiento para que los terroristas llenen sus filas por años y aún décadas por venir. Al Qaeda ya está presente en casi todos los continentes del planeta –desde Filipinas, Indonesia y Malasia a través del Sureste Asiático, el Medio Oriente, el Este y Norte de África, Europa y América- y, a menos que de alguna manera logremos matarlos a todos, lo cual parece improbable, parecería que aún en el caso de la pacificación total de Irak, lo mejor que puede pasar es que, como los muyahidín veteranos de la campaña anti soviética en Afganistán, antiguos insurgentes en esta guerra se refugiarán en la clandestinidad y se dispersarán a puntos alrededor del mundo, donde será aún más difícil combatirlos. Entrar en Irak con el pretexto de eliminar armas de destrucción masiva, parece habernos dejado entre dos opciones muy duras – permitir que la guerra en Irak continúe como una forma de atraer y enfocar la insurgencia Islámica global, o terminar la guerra en Irak y permitir que la insurgencia se expanda con renovada virulencia alrededor del globo terráqueo. Es difícil ver como algo bueno puede resultar del camino en que hemos sido puestos por la administración Bush-Cheney.

Sea como sea, esto obviamente es algo con lo que se tendrá que lidiar durante algún tiempo por venir, en una primera instancia redoblando nuestra inteligencia, seguridad y nuestras capacidades y esfuerzos de prevención, como describimos arriba.

En segundo lugar, como hemos aprendido de anteriores conflictos, tenemos que afrontar el enorme reto de encontrar buenas maneras de "drenar el pantano", y de "ganar las mentes y corazones" de los cientos de millones de musulmanes alrededor del mundo que no son insurgentes violentos pero que albergan reclamos legítimos, sentidos en lo profundo contra las políticas y acciones de los Estados Unidos y otros estados Occidentales en sus países.

Debemos comenzar por reconocer que, en gran medida, "el pantano" es nuestra propia creación, y que es de hecho nuestra *responsabilidad* drenarlo y eliminar los muchos lagartos que hemos permitido prosperar en el, a expensas de los ciudadanos ordinarios que viven en esas tierras.

Los países islámicos son en gran medida atrasados política y socialmente, en parte por la rigidez de sus propias tradiciones, pero también en gran medida, porque el Occidente los ha mantenido deliberadamente así. Con la excepción de Turquía, no hay, hasta donde yo pueda recodar, una sola democracia funcional en *ninguno* de entre más de dos docenas de países predominantemente musulmanes del mundo, la mayoría de los cuales únicamente alcanzó su independencia de los poderes coloniales occidentales en el período comprendido entre el final de la Segunda Guerra Mundial y los 1970s. La democracia obviamente no había florecido bajo el dominio colonial y, a pesar de nuestra propia retórica y tradiciones, no ha sido reconocido como de interés para el Occidente apoyar el crecimiento de la democracia en estas regiones desde entonces. Como en Irán y Egipto, el Occidente ha intervenido activamente para suprimir incipientes intentos locales para instituir la democracia o gobiernos seculares, y en otros lados, hemos armado y apoyado regímenes dictatoriales y monárquicos, arcaicos y corruptos, que han estado dispuestos a servirnos como garantes de los suministros de energía de Occidente durante nuestras largas luchas contra la expansión del comunismo durante la Guerra Fría.

Y ahora, será extremadamente difícil deshacernos de ellos.

Aunque cautelosamente, a la luz de la omnipresente e inminente amenaza de agitación política violenta en tantos países del mundo musulmán, debemos sin embargo hacerles saber que ahora estaremos firmemente apoyando una rápida transición a la democracia en esas regiones, y que ya no concederemos legitimidad a gobiernos que son instaurados o mantenidos a la fuerza contra la voluntad de su pueblo. El Occidente como un todo, con la ayuda de nuestros aliados entre las democracias asiáticas, también debe estar preparado para apoyar activamente la transición a la democracia en la región, sabiendo que será un largo y costoso proceso, con un programa coherente de asistencia técnica, acceso a los mercados y desarrollo de financiamiento donde se necesite.

No nos hagamos ilusiones. Esta situación es un lío. Pero nos metimos nosotros mismos en ella y ahora debemos aceptar que tomará largo tiempo salir de esta situación. Una estrategia basada en la continua represión de las fuerzas del cambio en la región no funcionaría, y terminaría siendo mucho más costosa para nosotros –en recursos, vidas humanas, y en nuestras perspectivas de un mejor futuro.

Así que empecemos a hacer lo correcto, donde hasta ahora, ha parecido más fácil continuar haciendo lo incorrecto. Usemos – y que nos vean haciéndolo- nuestros recursos y nuestro poder para traer prosperidad y paz, donde hasta ahora sólo hemos traído la guerra. Asegurémonos de que una Palestina libre, democrática y pacífica resurja para crecer y prosperar junto a un Israel libre, democrático y pacífico. Si hacemos esto -mientras nos resguardamos siempre contra ataques extremistas- yo creo que Al Qaeda gradualmente se marchitaría como un instigador de violencia contra nosotros. Si no lo hacemos, me temo que todos viviremos en un mundo de dolor durante las décadas venideras.

¿QUÉ HACER CON RESPECTO A LA INMIGRACIÓN ILEGAL?

Como el terrorismo internacional, la inmigración ilegal y los trabajadores indocumentados son grandes problemas en la mayoría de países ricos de Occidente, desde Los Estados Unidos a Francia, España, Alemania y Gran

Bretaña. Dadas sus geografías e historias individuales, el problema tiene características y rasgos únicos en cada país.

Los Estados Unidos tienen un problema especial con inmigrantes ilegales provenientes de México y Centroamérica; Francia con argelinos y tunecinos, España con marroquíes, Alemania con turcos y europeos del este, Gran Bretaña con inmigrantes provenientes del Sureste Asiático. Reconociendo estas diferencias, es posible desarrollar programas más eficaces en cada país recipiente para abordar los problemas en su fuente: insuficiencia de trabajos y oportunidades para ganarse la vida en los países de origen. Mientras los gobiernos de los países recipientes están bien enterados de esto, no ha habido todavía la suficiente educación del público en este tema para desarrollar un fuerte electorado que apoye una expansión de la asistencia económica y técnica para los países pobres que están enfrentando las consecuencias desastrosas de un proceso que los está conduciendo a la pérdida de un gran número de su mejor entrenada y más ambiciosa población en edad productiva.

La primera respuesta al problema de la inmigración ilegal de los Estados Unidos y de cualquier lugar debería por eso, ser un esfuerzo concentrado para fomentar la creación de trabajos y un desarrollo económico más rápido en los países específicos de origen. Estos no son muchos, y el costo no tiene porqué ser extremadamente alto.

En segundo lugar, como se ha hecho en algunos casos, los países recipientes necesitan reconocer oficialmente que una gran cantidad de los trabajadores actualmente indocumentados son realmente necesarios para sostener el funcionamiento competitivo y eficiente de sus propias economías. En muchos países occidentales, la población local está envejeciendo rápidamente y los niveles educativos son tales que pocos ciudadanos están interesados en desempeñar empleos que requieran trabajo físico no-calificado.

A pesar del número de trabajadores indocumentados o "ilegales" que se presume están activos dentro de sus economías, los países occidentales han tenido en general muy bajas tasas de desempleo durante la última década, indicando que sus mercados laborales están de hecho demandando el trabajo que realizan tanto los trabajadores legales como los ilegales. Y, a pesar de la retórica, únicamente a través de sus actividades de consumo y sus pagos obligatorios de impuestos a las ventas, los gobiernos locales de hecho recogen una cantidad sustancial de ingresos de los trabajadores indocumentados, lo cual al menos parcialmente compensa el costo de los servicios públicos que ellos pudieran recibir.

Más importante aún, si los trabajadores indocumentados son capaces de trabajar en economías que están en una situación de *pleno empleo*, entonces claramente su trabajo está produciendo un efecto multiplicador en relación al nivel total de actividad –generación de ingreso, consumo e inversión- que se está llevando a cabo, y así están también contribuyendo a la recolección de ingresos públicos *a través* de la economía en cuestión. Un discurso público más balanceado en el tema de la inmigración "ilegal" y de los trabajadores indocumentados, tal vez ayudaría a informar a la población más completamente de las contribuciones positivas que estos trabajadores están haciendo a las economías recipientes, y quizás contribuiría a la generación de apoyo para enfoques más balanceados, objetivos y más moderados para poner la situación bajo control.

En los Estados Unidos, por ejemplo, los políticos de todas las banderas que están actualmente en campaña para la presidencia están bastante cerrados en decir que ellos van a iniciar programas para forzar a todos los cerca de 12 millones de "ilegales" a tener que volver a sus países de origen, y "mandarlos al final de la cola" en términos de su elegibilidad para aplicar a reentrar legalmente. Algunos candidatos están diciendo que esto puede ser realizado por alguna clase de red de arrastre policial nacional masiva en sólo cuestión de unos pocos meses, mientras otros hablan de darle a las personas una cantidad razonable de tiempo para poner sus asuntos familiares en orden antes de tener que salir.

Están hablando tonterías. Asumiendo que los números estén en algún lugar cerca de ser precisos ¿Puede alguno de ustedes imaginar qué significaría identificar, procesar y expulsar por la fuerza a 12 millones de personas del territorio nacional? La reacción y la disrupción serían inimaginables.

Además de eso, la realidad es que *necesitamos* a la mayoría de esta gente. Están realizando un trabajo útil, y hacen un buen trabajo.

Así que quizás un enfoque más moderado y racional sería establecer un proceso mediante el cual, los países recipientes puedan documentar y "legalizar" trabajadores indocumentados sin necesariamente conferirles estatus ya sea de residencia permanente o ciudadanía. Esto implicaría esencialmente el desarrollo e implementación de un programa de "trabajadores temporales", mediante el cual a las personas se les permitiría residir y trabajar legalmente en el país por un número de años establecido, luego tendrían que retornar a sus países de origen, a menos que hayan hecho en el ínterin la transición a la residencia permanente o a la ciudadanía.

Esto no es lo mismo que "amnistía". En principio, todos los trabajadores que no califiquen para residencia o ciudadanía tendrían que retornar a sus países de origen después de un período especificado, pero de una manera ordenada y digna. Muchos de tales trabajadores de hecho desean retornar a sus países de origen, una vez que han sido capaces de ganar el dinero suficiente para proveer honestamente para ellos mismos y sus familias.

El necesario esfuerzo de aplicación de la ley para expulsar extranjeros ilegales que no estén empleados o que, peor aún, participen en actividades criminales, podría entonces concentrarse donde están realmente los problemas serios, a mucho menor costo, mucho menor disrupción y mucho menor violación de la dignidad humana. Con un bien organizado programa de trabajadores temporales, sería relativamente fácil asegurarse la colaboración de empleadores para implementarlo, sin sanciones para los empleadores ni empleados que cooperan, y fuertes sanciones contra los empleadores que continúen contratando a personas fuera del programa.

Habiendo establecido una estrategia y un marco para un programa que aborde racionalmente ambos problemas, el que está conduciendo a la expulsión de personas de sus países de origen, y el problema que implica tener un gran número de trabajadores indocumentados que ya están aquí, entonces una política de inmigración coherente podría también enfocarse en detener el flujo futuro de inmigrantes ilegales a través de nuestras fronteras y de nuestros puertos. Un razonable fortalecimiento de los números y capacidades de nuestra patrulla fronteriza y de los agentes de inmigración, y una inversión razonable en instalaciones físicas y tecnología debería hacer posible llevar a cabo esta tarea, la cual es más factible, menos draconiana y de mucho menor costo que de la que están hablando hoy los políticos y los medios de comunicación.

¿QUÉ HACER CON RESPECTO A CHINA?

Las relaciones entre Estados Unidos y otras naciones de Occidente con la República Popular de China están llenas de peligros para todas las partes involucradas.

Por un lado, no se le puede permitir a China continuar abusando de su estatus como una economía controlada por el Estado para mantener un enormemente sub-valuado tipo de cambio y toda clase de prácticas prohibidas, que actualmente le dan una ventaja competitiva irremontable en el comercio mundial y están descuartizando a las industrias manufactureras en todo el Occidente.

Por otro lado, el Occidente está ya tan comprometido y expuesto a los términos distorsionados actuales del comercio chino, y le debe tanto a China, que no se puede dar el lujo de presionar muy fuerte por una reforma demasiado rápida.

La Administración Bush y el Congreso han hecho algún teatro, diseñado principalmente para el consumo del público de los Estados Unidos, que ha sido correspondido de parte de las autoridades chinas con un trío de ajustes simbólicos al tipo de cambio Yuan/Dólar –una apreciación de 1% en 2005, seguida de una de 2.7% en 2006 y otra de 4.5% en 2007- todos risibles en comparación con el 250 - 400% en que instituciones como la CIA y el Banco Mundial estiman la sub-valuación del Yuan.

Sin embargo, ¿puede alguien imaginarse el impacto en los precios a los consumidores y a la actividad económica en los Estados Unidos si China hiciera de repente un ajuste realista al valor de su moneda? Podríamos estar inmersos de la noche a la mañana en una estanflación que haría que la de los 1970s pareciera una broma.

¿Qué pasaría si, adicionalmente, China decidiera dejar de comprar bonos del Tesoro de los Estados Unidos para refinanciar los más de $1 trillón en bonos de Estados Unidos que actualmente posee? ¿Qué si, más allá de eso, China fuera capaz de persuadir –a la luz de sus intereses mutuos comunes a largo plazo- a algunos de nuestros otros importantes acreedores asiáticos, quienes también son importantes socios comerciales y de inversiones de China, para que también disminuyeran sus inversiones en títulos valores del Gobierno de los Estados Unidos? Podríamos, casi de la noche a la mañana, estar inmersos en una Depresión que haría que la de los 1930s pareciera una broma.

Con toda probabilidad, tal secuencia de eventos tarde o temprano nos sumergiría en una nueva guerra mundial que haría que la Segunda Guerra Mundial pareciera una broma.

Los Estados Unidos y otros gobiernos occidentales han sido casi criminalmente irresponsables en permitir que nuestras economías hayan llegado a ser extremadamente vulnerables a los caprichos de las políticas chinas, determinadas por un pequeño grupo de dictadores, en su mayoría viejos con añoranzas de antiguos tiempos y que sueñan con restaurar el poder chino a su estatus milenario que tenía antes del embate de Occidente sobre China en los siglos XVIII y XIX. Ellos no tienen que preocuparse por la política electoral o de otras presiones internas en el corto plazo, y si es necesario, están bastante preparados para obligar a su población a que se apriete aún más el cinturón por algo cerca de una década mientras se desarrolla el proceso de destruir final y decisivamente el poder económico y militar de Occidente.

¿Qué hacer?

Despertar la consciencia al peligro extremo en que estamos, para comenzar.

¿Y después?

Bailar, y seguir bailando, con la esperanza de que podamos gradualmente corregir la extrema dependencia y el peligro que nuestros líderes corruptos y sus patrocinadores corporativos han permitido que se desarrollen en los 1990s y en los primeros años de este siglo.

Yo supondría que este baile debería comenzar haciendo saber a los chinos que finalmente hemos escuchado la música, entendemos lo que está pasando, y que estamos determinados a corregir la situación pacíficamente si fuera posible. Necesitaríamos convencerlos que realmente intentamos la coexistencia pacífica y la cooperación –si es posible- y que la situación actual es insostenible para cualquiera de las partes. Un proceso gradual de ajuste debe comenzar a tener lugar si alguno de nosotros va a sobrevivir.

Algo como lo que Ronald Reagan hizo, algo milagroso, como conseguir bajarle la mirada al oso grizzly soviético, y convencer al liderazgo soviético de que sus únicas opciones viables consistían en el *glasnost* y la *perestroika* y la relajación de las tenciones militares entre nosotros.

Un proceso peligroso en el mejor de los casos, pero inevitable en este punto. Y tiene que comenzar haciéndole saber a todos que finalmente entendemos lo que está pasando, y que seriamente estamos determinados a ponerle un alto.

Cálculos más exactos y confiables de las paridades por poder adquisitivo (PPA) necesitan ser desarrollados y usados como una guía para la estimación de tasas de protección efectivas en vigor en países alrededor del mundo, para su reducción y para la formulación e implementación de políticas comerciales compensadoras, no solamente con respecto a China, sino con otros actualmente menos formidables exportadores que también controlan el valor de su moneda, tales como India y Vietnam.

Debemos también insistir en la gradual pero deliberada y constante aplicación de más fuertes protecciones medioambientales y laborales en países, incluyendo China, que no están cumpliendo actualmente con las normas internacionales.

Como una fuerte condición adicional a los ajustes pacíficos graduales de las actuales distorsiones y desbalances comerciales, es imperativo que el gobierno chino también acepte el hecho de que una economía de libre mercado únicamente puede existir dentro del contexto de libertad política y democracia doméstica, y de una inserción total y comprometida a un sistema de comercio internacional transparente y equitativo.

Para que este imperativo llegue a estar claro para los chinos, y que llegue a ser aceptable como base para la política, también será necesario para nosotros estar dispuestos a mostrar nuestro propio compromiso en una reducción gradual del militarismo en la conducción de nuestra política exterior y las amenazas implícitas para la seguridad china.

En el ínterin, necesitamos urgentemente recuperar una posición desde donde podamos responder rápidamente para protegernos a nosotros mismos, tanto económica como militarmente en la eventualidad de que el liderazgo chino decida –como lo podrían hacer en cualquier momento- adoptar una postura más agresiva y quizás apocalíptica hacia la resolución de nuestras diferencias.

¿Bailamos?

EPÍLOGO

REFLEXIONES SOBRE EL SIGNIFICADO DE LA LIBERTAD

Si tú y yo somos libres, ambos entonces podemos hacer casi cualquier cosa que queramos, mientras no perjudiquemos al otro en una manera clara, directa e intencional.

Yo no te puedo decir que hacer, y tú no me puedes decir que hacer.

Yo no soy responsable por tí, y tú no eres responsable por mí. Nosotros somos cada uno únicamente responsables por nosotros mismos.

Ninguno de nosotros es responsable por el mundo a nuestro alrededor.

Nadie es responsable por el mundo a nuestro alrededor, y lo que pasa en el mundo básicamente "es inevitable" y no puede ser cambiado, ni por mí ni por tí. Aún si te lastimo, si no es evidentemente claro como te estoy lastimando, si es indirecto (digamos a través de lo yo que le hago al medioambiente o a nuestra cultura común) entonces no hay nada que tú puedas hacer al respecto. Yo soy "libre".

Nosotros, ambos eventualmente, nos volveríamos irresponsables "parásitos", en última instancia impulsados únicamente por el cinismo, las sensaciones, el hedonismo, la auto-gratificación y el egoísmo. "Todos los demás están haciendo eso", así que debe estar bien. Al menos, eso no puede ser evitado. No hay nada que tú puedas hacer al respecto de eso. Cualquier cosa que "eso" pudiera ser.

Hasta hace no mucho tiempo, todos éramos responsables ante Dios, y los Ministros de Dios andaban entre nosotros diciéndonos lo que Dios quería que hiciéramos y no hiciéramos, "por nuestro propio bien". Todos aquellos de nosotros que no siguieran las reglas de Dios (ya que todos éramos "libres" de no hacerlo) eran reconocidos por todos como "pecadores" y por tanto merecedores de castigo, tanto en esta vida como en la otra. Para la mayoría de personas, esto parecía ser suficiente para guardarnos de hacernos demasiado daño unos a los otros en el día a día, excepto en formas (esclavitud, explotación, guerra) que aparentemente para Dios estaban bien, o eran necesarias de vez en cuando, o eran buenas pruebas de nuestros caracteres. Pero, más generalmente en el diario vivir las personas vivían pensando de ellos mismos como responsables individualmente ante Dios, y de todos nosotros como responsables el uno al otro, a través de la "Iglesia de Dios".

Hoy en día, Dios se ha mudado más lejos de nosotros, a un lugar menos accesible, y sus Ministros ya no parecen ser aptos ni calificados para decirnos que hacer. Así que ya nadie de entre nosotros es responsable, y el mundo está sufriendo grandemente por eso.

Pero, ¿qué pasaría si cada uno de nosotros fuéramos individualmente responsable por los demás y por el estado del mundo en que vivimos? Digamos que por epifanía individual o por una promesa sagrada, sin necesidad de recurrir a una autoridad superior. ¿Qué significaría entonces aquello para la "libertad"?

Yo supongo que lo que aquello significaría entonces, ante todo, es que todos tendríamos que unirnos y empezar a decidir qué, mínimamente, es "bueno" para el mundo, "bueno" para los niños, "bueno" para la gente, "bueno" para la cultura, etcétera. Aquello obviamente no es una cosa tan fácil, pero si no nos ponemos muy ambiciosos demasiado pronto, si nos concentramos únicamente en los puros mínimos en los que todos podamos coincidir, tal vez podría hacerse.

Segundo, necesitaríamos confirmar nuestros compromisos individuales hacia "lo bueno" y aceptar nuestra responsabilidad individual para sostenerlo. Lo que significa, también, "libremente" aceptar aquellas limitaciones en nuestra "libertad" individual que son necesarias, primero para evitar que hagamos cosas irresponsables, y segundo, para justificar nuestras ocasionales interferencias en las libertades de otros quienes, por algún debido proceso, se consideren que estén en peligro de hacer cosas irresponsables.

¿Podríamos aceptar tales limitaciones y todavía continuar siendo "libres"?

En principio, sí, si todos podemos aceptar las condiciones consensuadas que limitarán un poco nuestra libertad.

El problema práctico se vuelve entonces, como llegar a un consenso suficientemente amplio para involucrar a un número suficientemente grande de personas para de hecho hacer una diferencia en el estado y condición del mundo, sin tener que debilitar nuestros estándares de lo que es "bueno" más allá del punto de la insignificancia. La disyuntiva es entre la calidad y rigor de los estándares a ser defendidos, y la amplitud del consenso a ser alcanzado.

En principio, podría ser posible alcanzar un amplio consenso en un estándar muy alto, pero probablemente no ahora. Esto requeriría de educación y persuasión, durante un extenso período de tiempo.

Así que la tarea de ahora es encontrar el conjunto de estándares positivos, pero no imposibles, que nos permitirán alcanzar una "coalición dominante", y comenzar a actuar de acuerdo a esos estándares, libremente aceptando nuestras responsabilidades individuales hacia nuestro prójimo y el mundo en algún sentido amplio. Con el tiempo, la práctica y la experiencia del éxito, podremos entonces poner la mira en "libremente" seguir levantando nuestros estándares hasta alcanzar un nivel de bienestar cada vez mayor. Entonces habremos llegado, alguna vez, a ser "libres" precisamente para poder ser "buenos". La libertad se explica y se justifica única y sencillamente como condición necesaria para que, como seres imperfectos que somos, podamos por nuestra propia voluntad conocer y realizar el bien en este mundo.

Phillip W. Rourk
Datos Biográficos

Phil Rourk es un economista y consultor internacional con más de 30 años de experiencia asesorando organizaciones internacionales, agencias gubernamentales, y negocios privados en más de dos docenas de países alrededor del mundo.

Entre las asignaciones que ha realizado están las siguientes: dirigir un ejercicio de planificación para todo el sector energético de Tailandia, en el cual un equipo de más de 35 ingenieros y economistas de alrededor del mundo ayudó a identificar, evaluar y darle un ordenamiento lógico a cerca de 50 billones de dólares de inversión en extracción de gas natural, refinamiento de petróleo, y generación de electricidad; servir como principal asesor económico del Ministro de Finanzas de Ecuador a finales de los 1980s para negociar un acuerdo Stand-By con el Fondo Monetario Internacional y renegociar programas de pago por más de $5 billones en deuda a bancos comerciales internacionales, y cerca de $2 billones en deudas a países de la OCDE; preparación de los análisis de factibilidad que condujeron en última instancia a la primera inversión privada en desarrollo de infraestructura emprendida en la antigua Zona del Canal de Panamá, la construcción por $111 millones de la primera etapa de la Terminal Internacional de Manzanillo, un puerto de transbordo de contenedores que es hoy el más grande de Latinoamérica; conceptualización y ejecución de un programa diseñado para asistir a compañías pequeñas y medianas en El Salvador para convertirlas en exportadoras exitosas, incrementando el valor total de sus exportaciones por más de $80 millones en menos de cinco años.

Phillip W. Rourk nació en Nicaragua en el seno de una familia dedicada al Servicio Exterior de los Estados Unidos. A la edad de cuatro años, su familia fue transferida a Beirut, Líbano, y comenzó su escolaridad en una escuela francesa para niños libaneses, en el proceso aprendió a hablar francés y árabe. Continuó estudiando en una escuela francesa en la siguiente asignación de su familia en Rotterdam, Holanda. Después, fueron asignados a Bogotá, Colombia, donde Phillip asistió a la Abraham Lincoln School, su primera escuela en idioma inglés, y luego a Washington, D.C. donde su padre sirvió un período en el Departamento de Estado de los Estados Unidos.

Realizó estudios universitarios en Economía, Arquitectura, Filosofía y Bellas Artes; en 1970 recibió una Licenciatura en Filosofía de la American University en Washington D.C. Después de lo cual retornó a Nicaragua, donde administró por varios años una finca de café propiedad de su familia cerca de Matagalpa hasta que retornó a Estados Unidos para estudiar un postgrado en Economía en la Universidad de Maryland.

Después de obtener su Maestría en Economía en 1977, se incorporó a la plantilla de consultores internacionales de Robert R. Nathan Associates, Inc., donde permaneció durante 12 años, finalizando su servicio allí como Vicepresidente Internacional responsable por la administración de los negocios de la firma consultora en Asia y Latinoamérica. En 1989 deja Nathan Associates para crear una nueva e independiente compañía consultora en economía y finanzas, The Americas Group, Inc. Esta compañía fue sucedida por la AG International Consulting Corporation en 1991 y por la Washington International

Finance Corporation en 2001, las dos últimas constituyen pequeñas compañías aún activas el día de hoy. En 2003, Phil fundó la FairShare Foundation, Inc., una organización exenta de impuestos diseñada para canalizar contribuciones de individuos y corporaciones hacia inversiones sociales productivas en comunidades desfavorecidas en los Estados Unidos y en países en desarrollo alrededor del mundo.

Sus tres hijas viven y trabajan en el área metropolitana de Washington, D.C.

APÉNDICE
Ensayos Políticos no Publicados y
Correspondencia

¿Debemos Perpetuar La Locura?

Parafraseando -y simplificando excesivamente- a James Welles[25], probablemente nuestra máxima autoridad académica en el tema, la estupidez es deliberadamente persistente en las conductas que son inadaptadas, en el mejor de los casos contraproducente, autodestructiva en el peor.

Aquí vamos otra vez.

¿Qué exactamente esperamos lograr con, una vez más, ensamblar valientemente nuestro poder militar y lanzar misiles cruceros hacia la noche? ¿Contra el "terrorismo"?

Supongo que nosotros pensamos que podemos matar el "terrorismo". Lo que es, después de todo, para lo que sirven los militares y los misiles crucero.

Indudablemente, podemos matar terroristas, e indudablemente lo haremos. En menor o mayores números, junto con quien sabe cuántas muertes "colaterales".

Pero, no podemos matar el "terrorismo". No con misiles crucero.

¿Es el terrorismo locura? ¿Es el terrorismo absurdo, cruel, la maldad encarnada? Si lo es, entonces debemos luchar con armas más apropiadas. La locura no puede ser erradicada por la locura, ni la maldad con aún más maldad. Como ambos, Jesús y Mahoma enseñaron, tenemos que responder a la locura con entendimiento, compasión e inteligencia. Y únicamente la bondad y el amor pueden vencer al mal, comenzando por el mal dentro de nosotros mismos, y

---

[25]   James F. Welles, Ph.D., autor de "Entendiendo la Estupidez" (Understanding Stupidity), 1986, y de "La Historia de la Estupidez" (The Story of Stupidity) 1988, ambos disponibles en inglés de la editorial Mount Pleasant Press, Orient, New York.

sólo después el mal que reside en otros. No es que no nos hayan hablado sobre estas cosas antes.

¿Hay tal vez, alguna base racional para las acciones terroristas? ¿Hay, al menos en sus mentes, agravios lo suficientemente serios para justificar sus crueles y desesperados actos? Si los hay, entonces claramente nosotros debemos buscar identificar y entender esos agravios. Si son reales, debemos corregirlos. Nosotros debemos también *hacer* justicia si buscamos justicia.

Si los agravios no son reales, entonces debemos mostrarles que no lo son. En cualquier caso, debemos mostrarles que ellos no justifican –en un mundo que genuinamente busca la justicia- la clase de actos violentos perpetrados contra nosotros el 11 de septiembre. Nada más de lo que ellos pueden justificar la clase de violentas represalias en las que estamos embarcados otra vez ahora.

¿Es el terrorismo una combinación de racionalidad y locura, de agravios justificados y maldad?

Sí. Y no puede ser exterminado con bombas.

Superemos -¿después de cuantos miles de años y cuantos millones de muertos?- esta estúpida, desadaptada y auto-destructiva conducta. Seamos realistas. Crezcamos. *Detengamos* la locura, de su parte *y* de la nuestra.

Phil Rourk
7 de octubre de 2001

9 de octubre de 2002
The Washington Post
Editor

Saddam - Proceso, Detención y Juzgamiento.

¿Puedo sugerir un enfoque alternativo al enfoque de uno y medio flanco - pretender presionar por un régimen de inspecciones efectivas mientras se prepara la guerra total- actualmente seguido con respecto a la obviamente real amenaza planteada por la continuación de Saddam Hussein en el poder en Irak?

Mientras que la Corte Penal Internacional puede o puede no ser la instancia apropiada, es evidente, dada su repudiación de esa Corte a principios de este año, que la administración Bush no está actualmente en posición de recurrir a ella en este momento. Alternativamente, yo sugeriría que el Consejo de Seguridad de las Naciones Unidas, bajo el liderazgo de los Estados Unidos, convocara a un "Gran Jurado" especial para considerar cargos criminales contra Saddam Hussein y sus más cercanos asociados en el crimen. Basado en la evidencia que es de conocimiento común para todos, es casi seguro que una acusación múltiple podría ser rápidamente procesada. Con la cual, el Consejo de Seguridad podría proceder a pedir la entrega inmediata de aquellos acusados, u ordenar y organizar las fuerzas que serían necesarias para su arresto. Esto sería una cosa muy diferente a librar guerra contra el país de Irak para alcanzar el mismo propósito.

Mientras la guerra casi seguramente producirá destrucción en gran escala de vidas inocentes y propiedades en un país pobre que ya es en sí mismo víctima del régimen tiránico de Hussein, a continuación de una acusación sancionada internacionalmente es altamente probable que aquellos alrededor de él reconozcan como interés propio el aislamiento, traición y posible captura. Bajo estas circunstancias, con los buenos datos de inteligencia producidos por tales deserciones, sería posible efectuar su captura con un ataque dirigido precisamente, apuntando específicamente contra sus defensas más próximas. Una vez que sepamos donde está, y una vez que hayamos sido legítimamente empoderados para efectuar su captura, el control del aire desplegado en combinación con una concentrada y fuertemente armada fuerza de asalto de más o menos cinco mil elementos, puede casi con seguridad aislarlo y capturarlo o matarlo en poco tiempo, salvando las vidas y esperanzas futuras de cientos de miles de inocentes iraquíes que de otra manera peligrarían. Sin mencionar el riesgo muy real para nuestros propios soldados, nuestros ciudadanos y/o los ciudadanos de Israel si un ataque militar convencional desencadena el uso de armas de destrucción masiva.

Y más importante, nuestro país habrá actuado como debe, como principal defensor del imperio de la ley en la conducción de los asuntos internacionales, más que como algún nuevo pretendiente al poder imperial que de alguna manera se concibe a sí mismo como por encima de cualquier normativa, exceptuando su propio concepto corrompido de ley. El poder de tal precedente y sus implicaciones para el curso futuro de la historia humana son enormes. En juego está nada menos que el alma de América, y el cumplimiento de su verdadero destino histórico.

Phil Rourk
Bethesda, MD

Necesitamos Instrumentos Más Flexibles

Todo mundo sabe o cree que sabe que Saddam Hussein es un tirano. También parece seguro que él ha codiciado armas de destrucción masiva, y que ha gastado masivas cantidades de los escasos recursos de un país pobre para desarrollarlas y desarrollar los medios para usarlas. No sabemos exactamente qué es lo que tiene ahora, pero no hay duda que su posesión de tales armas constituye una grave amenaza –difícil de calibrar en términos de su inmediatez- para la seguridad de Israel, el balance de poder en el Medio Oriente, el control sobre los recursos petroleros de la región y, al final, para la seguridad de los Estados Unidos y el "Occidente".

¿Significa esto que la guerra está justificada?

La guerra moderna significa un asalto total aéreo y terrestre sobre las fuerzas militares, infraestructura económica y poblaciones civiles de las naciones "enemigas", y yo sugiero que, a pesar de la amenaza planteada por el criminal Hussein, la guerra contra Irak –sus soldados conscriptos, sus medios de subsistencia económica y las poblaciones civiles urbanas- está muy, muy lejos de haber sido justificada.

En la primera Guerra del Golfo, para "liberar" Kuwait, el petróleo kuwaití y saudita, matamos cerca de cien mil soldados iraquíes y quien sabe cuántos civiles, al final únicamente para preservar el *status quo ante,* tanto los aspectos favorables como los desfavorables desde la perspectiva de los Estados Unidos.

Esta vez, ¿cuántos inocentes estamos preparados para matar? Podría ser un número muy grande, y muchos podrían ser de entre los nuestros. Si aquel será el curso que sigamos, tenemos que estar muy claros al respecto, y preparados para aceptar la responsabilidad que implica.

Sin embargo, no podemos sólo quedarnos sentados aquí y no hacer nada mientras Saddam persigue la bomba.

Correcto. Necesitamos desarrollar otros instrumentos que nos permitan a nosotros –y a la comunidad global responsable de ciudadanos del mundo en general- responder a amenazas de esta clase sin tener que jalar el gatillo en una guerra total, y evitar la carnicería que inflige sobre las personas quienes son ellas mismas *víctimas* no "enemigos".

¿Alternativas? La mejor en que yo puedo pensar es alguna clase de proceso jurídico internacional. Si Saddam Hussein –o cualquier otro "líder" pícaro alrededor el mundo- es sospechoso verdaderamente de haber cometido crímenes contra la humanidad, entonces debería ser formalmente procesado por alguna corte permanente como la Corte Penal Internacional o un cuerpo internacional especial *ad hoc*. Con esa clase de revisión formal de la evidencia, debido proceso y juicio ponderado, una orden de arresto puede ser emitida, y un *dirigido*, no frontal, asalto puede ser legítimamente lanzado, específicamente con el objetivo de capturar al delincuente acusado de manera que pueda ser traído a juicio. Aquello puede ser logrado con mucho menos destrucción y pérdida de vidas que recurriendo a la guerra total. En realidad, en el mejor de los casos, se puede esperar que los antiguos colegas del procesado por crímenes internacionales hagan ellos mismos el trabajo de capturarlo y entregarlo, salvando las vidas de muchos, incluyendo las propias.

En el peor de los casos, puede ser imposible penetrar las defensas del tirano para realizar un arresto. En aquellos, absolutamente peores de todos los casos, yo podría imaginar que un cuerpo internacional debidamente constituido, en consideración de evidencia suficientemente convincente de crímenes pasados e inminentes amenazas, emitiera una orden de captura "vivo o muerto" –una ejecución sancionada por al menos una semblanza de legalidad, y un mecanismo que, a diferencia de la guerra, esté sujeto a control, refinamiento y mejora en el tiempo.

No hay absolutamente, ninguna justificación para la guerra total contra ningún pueblo más que la auto-defensa contra una inminente y creíble amenaza. Ese no es actualmente el caso en Irak. La injustificable masacre de soldados americanos e iraquíes, de civiles iraquíes y probablemente israelitas, y la destrucción de algunos activos capitales de un país que ya es de por sí pobre es un precio demasiado alto de pagar simplemente para protegernos de un riesgo de ataque vago e improbable, o para efectuar un "cambio de régimen" con quien sabe qué consecuencias.

Necesitamos empezar a pensar muy cuidadosamente con respecto a esto, y urgentemente ponernos a trabajar para desarrollar instrumentos políticos más flexibles. La guerra no suele ser la respuesta, y con seguridad no lo es ahora.

Phillip W. Rourk
19 de Octubre de 2002

Ustedes Idiotas del Gobierno y de los Grandes Medios

¿Van a Escuchar Por Favor?[26]

Mi obviamente ingenuo argumento es el siguiente:

1. No hay evidencia creíble de que Saddam Hussein *tenga* en el presente ninguna arma de destrucción masiva militarmente significativa, o los medios para usarla.

2. Aún si la tuviera, no es lo suficientemente estúpido ni suicida para usarla en un ataque inicial contra nadie. Él sabe muy bien qué clase de infierno le caería encima si lo hiciera.

Por eso,

3. No hay razón de peso para lanzar una invasión a Irak en este momento. Otros enfoques –tales como los que han sido descritos y completamente ignorados en entregas anteriores realizadas por este autor al Washington Post- necesitan ser desarrollados y recibir una oportunidad de ponerse en práctica antes de jalar el gatillo de la guerra, con todas las masacres de inocentes y destrucción estúpida que la guerra implica.

Pero, permítanme concederles a todos ustedes idiotas el reconocimiento de la *completa* ingenuidad de mi argumento, y la *totalidad* de sus peores sospechas. Vamos a suponer que Saddam *realmente* posee armas de destrucción masiva y también la voluntad de usarlas "preventivamente". Si aquel fuera el caso, tiene que ser de hecho, una *certeza a priori*, que él las *usará* también si es atacado.

---

[26] Presentado a los editores del Washington Post, y también enviado al entonces asistente del Secretario de Estado John S. Wolf y al Secretario de Estado Colin Powell.

Nosotros, en nuestro inimitable estilo de vaquero de alta tecnología, comenzamos lanzando una primera oleada de ataques aéreos, y *él* inmediatamente lanza SCUDS cargados con cabezas nucleares –o utiliza una red de terroristas ocultos posicionados para propagar viruela, o cualquier otro diabólico mecanismo de destrucción que podamos imaginar que posea actualmente- contra Tel Aviv, Nueva York o Chicago. Miles, tal vez decenas de miles, serían inmediatamente asesinados o fatalmente infectados.

¿Y entonces qué?

Bueno, yo supongo que cualquier americano amante de la libertad entendería que, en aquel punto, no habría otra opción que quitar todas las restricciones e *inmediatamente* arrasar Bagdad y sus proximidades con nuestro propio ataque nuclear.

¡Caramba! ¿Y ustedes le llaman a eso *estrategia* militar? ¿Astuta, visionaria, *política* exterior? Si todos ustedes realmente creen lo que afirman creer, ¿es *allí* donde creen ustedes que deberíamos estarnos dirigiendo?

Absolutamente idiota. Tal vez, sólo tal vez, el contra argumento que yo presento vale la pena de examinarse un poco más cuidadosamente. *Hay* otros medios disponibles para todos excepto para los más carentes de discernimiento, para todos aquellos capaces y dispuestos a pensar sólo un poquito más creativa y responsablemente, antes de lanzar esta catástrofe global que se está gestando. Por favor lean –y publiquen prominentemente- mis anteriores entregas a este periódico.

Gracias anticipadas.

Phil Rourk
Rockville, MD
22 de octubre de 2002

¡95% De Lo Que Jeremías (Wright) Ha Estado Diciendo Es Correcto (Right) !

No pongamos en la picota injustamente a Barack Obama por el otro 5% que todos podemos reconocer como los desvaríos de un ególatra.

- ¿Fueron nuestros antepasados blancos responsables de esclavizar africanos y de masacrar a los nativos americanos? Sí.

- ¿Están los afro-americanos como grupo todavía en desventaja relativa con los euro-americanos como un legado perdurable de la esclavitud? Sí.

- ¿Continuaron los linchamientos y los atentados con bombas a las iglesias prevaleciendo en el Sur de los Estados Unidos en los primeros años de los 1960s? ¿Personalmente bebí de una fuente de agua marcada "para blancos únicamente" en la estación de trenes de nuestra capital? Sí.

- ¿Fueron Medgar Evers y Martin Luther King asesinados por motivos raciales y por la posición que tomaron para finalizar la discriminación racial en los Estados Unidos? Sí.

- ¿Es una gran cantidad de ira residual entre los afro-americanos, comprensible y justificada a la luz del trato que han recibido históricamente en los Estados Unidos de América? Sí.

- ¿Han mentido descaradamente la presente administración Bush, y numerosas previas administraciones de los Estados Unidos, al público americano en temas tan sensitivos como la evidencia verdadera que justifica decisiones de guerra y paz, y sobre la política de Estados Unidos con respecto a la tortura y el asesinato político? Absolutamente.

Puede ser que no sea placentero verlo y puede ser que no nos guste oírlo, pero todo lo anterior es verdadero. Si Jeremías Wright habló durante años sobre estos temas, y Barack Obama escuchó, ambos tenían razón, de estar indignados en primer lugar, y de querer hacer algo al respecto en segundo. Es importante que la verdad se diga, no importando cuan desagradable pueda ser, y debemos afrontar todo esto, si es que de hecho vamos finalmente a superarlo. Yo creo, que de eso es de lo que se trata Barack Obama. Mirar de donde todos hemos venido. Para conseguir finalmente superarlo y que quede atrás. Y seguir hacia adelante, juntos, hacia lo que todos nosotros queremos ver que América llegue a convertirse.

Basado en sus propias confirmaciones y admisiones realizadas recientemente, en los últimos veinte años el Reverendo Wright ha sostenido también un número de cosas dignas de un lunático.

- ¿Están sus afirmaciones en relación a una supuesta participación del Gobierno de los Estados Unidos en la propagación del VIH/SIDA entre los afro-americanos y en el diseño de los ataques terroristas del 9/11 completamente equivocadas? Ciertamente.

Pero, ¿son estas afirmaciones representativas de la esencia de su mensaje? No.

Casi con seguridad, 90-95% de su tiempo en el púlpito –y el tiempo de Barack Obama en las bancas de la Iglesia- fue utilizado en otros temas como aquellos mencionados más arriba.

¿Desagradables? Sí. Pero verdaderos.

- ¿El Reverendo Jeremías Wright, quien sirvió durante más de seis años en el servicio voluntario de las fuerzas armadas de los Estados Unidos durante la era de Vietnam y tres décadas como pastor de una iglesia afro-americana, ha realizado mucho bien para sus feligreses de Chicago? Probablemente.

¿Deberíamos creer que la membrecía del Senador Obama en la iglesia del Reverendo Wright durante un período de años, y su reconocimiento de la verdad y elementos valiosos del servicio de Wright a la comunidad afro-americana, significa que él está de acuerdo con el 5% que representan los desvaríos lunáticos de Wright en el transcurso de los años?   Absolutamente no.

Enfrentemos nuestra realidad, pasada y presente. La táctica "Wright" es un claro intento de los adversarios del Senador Obama para forzarlo a una posición defensiva, y para que abandone su fuerte mensaje de cambio. No debería ser permitido que eso funcione, y ciertamente no debería ser presentada más por los medios de comunicación de manera tan irreflexiva y sesgada.

Tiempo de avanzar, América.

Phil Rourk

<u>*Carta Sin Respuesta a Bill O´Reilly, FOX News, Mayo de 2008</u>

¿Realmente Necesitamos un Presidente?

En 1996, nuestro presidente actual fue electo con 47 millones de votos populares de una población en edad de votar de 197 millones. Sólo el 49% del electorado -96 millones- participó en la elección, y de estos, 49% votó por el candidato Demócrata, 41% por el Republicano y cerca del 10% por el Partido de la Reforma y otros independientes. Así que, al final del día ¡únicamente 24% del electorado votó de hecho *por* el Presidente! Una asombrosa mayoría del 75% votó ya sea en contra del "ganador", o mediante declinar participar, en contra del proceso electoral en sí mismo.

Otra vez en el "electo-drama" desarrollándose este año, parece que en el mejor de los casos tendremos un nuevo Presidente con cerca del 24% del electorado tras él. En el peor, tendremos a alguien con un aún menor porcentaje del electorado, y una ¡*minoría* del voto popular! ¡Es increíble!

Considera cuan profunda es la ironía, y cuan serio el problema, cuando te das cuenta de que el Sandinista nicaragüense Daniel Ortega, en su *derrota* en las elecciones presidenciales de 1996 tenía una proporción más grande del voto del electorado a su favor que los "ganadores" de cualquiera de las más recientes elecciones presidenciales de los Estados Unidos. Proporcionalmente, menos personas apoyan al hombre que ocupa la posición de más poder en el mundo que las que apoyaron al "perdedor" en las elecciones de uno de los países más pobres, menos democráticos, peor educados y más atrasados del mundo.

Ni una vez en los últimos 50 años ha sido electo un Presidente de los Estados Unidos por una mayoría del electorado. ¿Es para extrañarse que tantos americanos se sientan cada vez más alienados por su gobierno cuando este es presidido por una persona cuyos electores rara vez incluyen a más de 20 ó 30% de nosotros? ¿Cuánto más cuando consideramos lo manipulado que el sistema de "dos" partidos ha llegado a ser de todas maneras, cuando nuestras opciones entre los líderes nacionales posibles son cada vez más descaradamente manipuladas desde el principio por los "Tararís y los Tararás" de nuestro sistema político, nuestras dos máquinas políticas nacionales, los grandes medios de comunicación y sus adinerados controladores?

Tristemente ha llegado a ser común observar que el sistema ya no está funcionando.

Sin embargo, las preguntas importantes son:

- ¿Hay características estructurales o de diseño en nuestro sistema de doscientos años de antigüedad que estén causando que este falle? Esto es, ¿hay algo que podamos arreglar? O como algunos quisieran que creyéramos, ¿está nuestro sistema fallando únicamente por nuestras deficiencias como pueblo, culturales, educacionales y cívicas?

  Y,

- Si efectivamente hay problemas estructurales que podamos identificar y que están previniendo que el sistema cumpla con la promesa de nuestros Padres Fundadores del auto-gobierno, ¿es todavía posible para nosotros reunir la voluntad de responder eficazmente y arreglarlo? ¿Qué podría hacerse? Y, ¿Cómo podríamos hacerlo?

Comencemos por examinar el rol de la Presidencia y del Presidente en nuestra forma de gobierno Republicana.

A diferencia del caso en las democracias parlamentarias donde, especialmente en un contexto multipartidario, los gobiernos nacionales son a menudo aparentemente un sub-producto "accidental" de un proceso electoral que puede ser fácilmente dominado por intereses locales y sectoriales, la existencia de una Presidencia y la elección separada de un Presidente permite que el electorado enfoque su atención y exprese sus puntos de vista en problemas nacionales comunes, separadamente de sus preocupaciones locales y/o sectoriales más estrechas. La Presidencia es una institución nacional única, y el Presidente supuestamente al menos, "nos representa a todos".

Aparte de los efectos indeseables del duopolio del sistema de dos partidos en la manera partidista en la cual algunas veces funciona, en general el Congreso de los Estados Unidos funciona como estaba previsto. Es un Cuerpo altamente representativo, y, a medida que las innumerables minorías y grupos de intereses especiales que conforman nuestro país rico en diversidad se vuelven más organizados y sofisticados, parece volverse más y más representativo conforme pasa el tiempo. A veces muy despaciosa y laboriosamente –a veces no- pero el Congreso hace su trabajo. Las Leyes se aprueban –en cualquier cosa desde derechos civiles a impuestos o el medioambiente- a través de un proceso que generalmente permite que opiniones muy dispares sean escuchadas y consideradas. Con notables excepciones como el código el fiscal, en general el Congreso ha legislado sabiamente y bien, ha logrado de alguna manera a través de un proceso quisquilloso y altamente competitivo encontrar el balance exacto entre el interés público, y la protección de nuestras libertades y nuestros negocios diarios de la intrusión innecesaria del gobierno.

Tomado como un todo, el cuerpo de leyes de los Estados Unidos de América es una construcción maravillosa, única en la historia del mundo y con justicia objeto de gran orgullo para nuestros legisladores y para nosotros mismos como pueblo.

En términos generales, parecería que la Rama Judicial de nuestro gobierno también está trabajando razonablemente bien. La justicia es (eventualmente) impartida. La mayoría de los ciudadanos, la mayor parte del tiempo son capaces de obtener un juicio justo, y el debido proceso es generalmente observado tanto en asuntos civiles como criminales. Las leyes son aplicadas y los derechos individuales son respetados.

Pero, en el enorme cisma que se ha desarrollado entre una institución que está diseñada supuestamente para "representarnos a todos", y la realidad de un proceso electoral que, por décadas ahora, ha producido Presidentes que únicamente representan a unos pocos, una falla estructural importante en la Presidencia está volviéndose cada vez más evidente. La institución, ahora encarnada en la persona de un único Presidente, simplemente no está haciendo lo que se supondría que debería de hacer. Y, debido a que es una institución simbólica tan altamente visible –que supuestamente nos representa a todos pero realmente no lo hace- muchos de nosotros hemos perdido la fe en el sistema en general. Tristemente –más que tristemente, peligrosamente- muchos de entre nosotros, especialmente entre los jóvenes, han dejado de participar completamente en él.

¿Es la idea de una institución nacional para "representarnos a todos", o al menos a una gran mayoría de nosotros en cualquier momento dado, simplemente una noción idealista que no debería, y quizás nunca se supuso que debería, ser tomada seriamente? ¿Es imposible para una persona, un Presidente, personificar aquella institución y efectivamente representar a una gran mayoría del pueblo?

La respuesta a estas preguntas, tanto lógica como históricamente, es "Sí".

Puede haber y ha habido situaciones, como cuando se enfrenta una gran amenaza externa por ejemplo, que un pueblo, a pesar de su posible gran diversidad, se une alrededor de un problema o una causa y del líder que ha surgido como su campeón. Franklin Delano Roosevelt y George Washington son ejemplos. Puede haber otros.

También, hay casos de sociedades que son ya sea tan homogéneas o (¿y?) tan represivas como para producir "naturalmente" una gran uniformidad de pensamiento entre su gente, y la lógica posibilidad de estar cerca de la unanimidad en su apoyo a un único individuo como su líder. Uno piensa, hipotéticamente, de Japón y la Nueva Inglaterra Puritana del siglo XVIII como posibles ejemplos. Tal vez de Teddy Roosevelt como la personificación del arrogante WASP (siglas en inglés para: blanco, anglosajón y protestante) de la cultura americana dominada por hombres, etnocéntrica y nacionalista de sus tiempos.

Sin embargo, las democracias modernas deben –prácticamente por definición- ser capaces de lidiar con una gran diversidad, aún cuando luchen por mantener la cohesión y lealtad alrededor de la noción de un único estado nación. Como la diversidad está reconocida y protegida por su valor intrínseco, y a medida que las minorías proliferan alrededor de una multitud de polaridades étnicas, religiosas, económicas y culturales, se ha vuelto cada vez más difícil sino imposible para cualquier individuo cumplir el propósito de la Presidencia.

Excepto quizás en tiempos de grave emergencia nacional, ya no es posible para ningún hombre ni mujer siquiera llegar cerca de "representarnos a todos". Y si es imposible para cualquier Presidente representar más que a una pequeña minoría de nosotros en cualquier momento dado, ¿es prudente continuar confiando tanto poder a esa institución? Visto desde la perspectiva de la actual mayoría (diversa) generalmente excluida, parecería que el potencial perjuicio proveniente de otorgar tanto poder a alguien con quien mayoritariamente no estamos de acuerdo, probablemente exceda por mucho los beneficios de mantener aquella única institución nacional.

Aparte de sus funciones simbólicas y de unificación del liderazgo, la Presidencia como institución se deriva de un número de antecedentes históricos y prácticos prevalecientes cuando se elaboró nuestra Constitución. En primer lugar, por supuesto, está el legado histórico y cultural de la monarquía. El Presidente es una obvia figura de "rey", y como todo mundo sabe, de no haber sido por la grandeza de alma, humildad y auto-disciplina de nuestro primer líder nacional, nosotros bien pudimos haber tenido un Rey Americano.

Los Fundadores fueron indudablemente genios de la innovación política, excepto en el diseño de la Presidencia, principalmente lo que hicieron fue eliminar las características hereditarias del "monarca" y reemplazar aquel método de transmisión de autoridad con un proceso electoral periódico. Más allá de eso, se pensaba ampliamente –y esta creencia fue fuertemente apoyada por la tradición y los aspectos prácticos del gobierno de aquella época- que un ejecutivo nacional único era necesario para el funcionamiento de un gobierno nacional. Las distancias eran largas, las comunicaciones pobres, el Congreso se reunía con poco frecuencia, etcétera. Y así, era necesario confiarle a una única persona el poder y la autoridad para conducir los negocios de la nación, tomando decisiones y actuando día a día en nombre del pueblo y sus representantes legislativos.

Y era correcto pensar así, en aquella época. Para que la nación fuera gobernada, se necesitaba ya sea un Monarca o un Presidente. Doscientos años y algo después, ese ya no es el caso.

Sólo tienes que mirar a las democracias parlamentarias europeas, donde los presidentes no existen o juegan un rol puramente ceremonial, y donde el poder o la existencia misma de las monarquías ha desaparecido con el transcurso de los años, para ver que los jefes ejecutivos nacionales directamente electos tales como los presidentes no son *necesarios* para que un gobierno funcione eficazmente.

Lo anterior nos autoriza para concluir que aquí en los Estados Unidos donde encaramos una Presidencia que ya no está funcionando correctamente, nosotros *podríamos* bien decidir eliminarla completamente, y las cosas podrían mejorar tanto en términos de la calidad de gobierno en este país, como también en términos de inclusión, participación ciudadana y auto-identificación con el gobierno.

Alternativamente, reconociendo el gran valor –del que carecen los pueblos en democracias parlamentarias- de tener una institución *nacional* para enfocar nuestra atención electoral en problemas *nacionales* separadamente de problemas sectoriales, podríamos comenzar a pensar acerca de maneras de *reformar* la Presidencia más que eliminarla enteramente, principalmente para hacerla una institución más verdaderamente representativa y para salvaguardarnos de los posibles excesos de un único individuo que no represente a la mayoría de nosotros.

Una forma en la cual esto podría hacerse sería enmendar la Constitución para investir los poderes de la Presidencia, no en un único individuo sino en un grupo de individuos organizados en un Concejo Ejecutivo o Presidencial.

Por ejemplo, los tres candidatos que consigan más votos populares en la elección "presidencial" nacional serían electos al Concejo, donde sus opciones individuales sobre las decisiones que deba tomar el Concejo serían ponderadas en proporción al número de votos populares que cada uno hubiera obtenido en la elección presidencial.

Se podría ir aún tan lejos como elegir cualquier número mínimo de candidatos que se necesite para alcanzar un nivel umbral mínimo de representación del electorado, digamos cincuenta y uno o sesenta por ciento, quizás aún dos-tercios. Tal Presidencia tendría las siguientes características:

- Por su diseño, siempre representaría a la mayoría del pueblo americano, a la vez respetando, reflejando y beneficiándose de su diversidad.

- Permitiría que las decisiones sean tomadas por un consenso mayoritario entre los líderes que legítimamente pudiera afirmarse que representan a la mayoría del electorado.

- Protegería a la población mediante la restricción de posibles acciones extremas o abusos de parte de cualquier miembro individual del Concejo.

- Preservaría la capacidad de tomar decisiones ejecutivas rápidamente en situaciones críticas cuando exista un claro consenso entre los miembros del Concejo y, presumiblemente, entre la gente que ellos representan.

El grave defecto potencial de un Concejo Presidencial es la posibilidad teórica de atascarse, una situación en la cual no sea posible establecer un consenso mayoritario entre los miembros en alguna cuestión de importancia crítica para la nación.

Presumiblemente, un atascamiento únicamente podría pasar en raras ocasiones cuando ningún miembro del Concejo tuviera mayoría de los votos (debido a una muy dividida elección popular) y las opiniones sostenidas por los miembros del Concejo en el problema en cuestión fueran tan fuertes y tan diferentes entre ellas como para excluir la posibilidad de negociar un consenso. En tal caso, la división entre los miembros del Concejo en la cuestión atascada también presumiblemente reflejaría una profunda división en esta cuestión entre la población en general.

Una, quizás la única democrática, manera de lidiar con tal situación sería requerir que ya sea un referéndum popular o una elección presidencial se llevara a cabo para resolver el problema. Ciertamente, de la manera que es en el presente, en que se confía una decisión en tan graves y contenciosas cuestiones a una sola persona que no representa a una mayoría de nosotros <u>no</u> es democrática.

Frente al atascamiento en un problema grave dentro del Concejo Presidencial, la Constitución podría empoderar a cualquier miembro del Concejo para llamar a un referéndum nacional o a una elección. La Constitución podría requerir que el referéndum o elección se celebrara rápidamente, digamos dentro de un mes o aún una semana, tiempo durante el cual una campaña altamente enfocada sería conducida por defensores de todos los puntos de vista contendientes, y al pueblo se le habría dado la oportunidad de decidir esta cuestión presumiblemente grave y contenciosa con base en el conocimiento de todas las opciones para la acción o inacción y sus consecuencias.

En el caso de un referéndum, el Concejo Presidencial a cargo recibiría un mandato claro en la cuestión contenciosa y continuarían con todo lo demás como de costumbre. O, en el caso de una elección, un nuevo Concejo presumiblemente reflejando un nuevo alineamiento de la autoridad para tomar decisiones entre sus (posiblemente nuevos) miembros sería instalado.

La tecnología de las comunicaciones modernas, aplicada a propósitos superiores que en el presente, hace perfectamente viable esta forma alternativa de auto-gobierno para la democracia americana a medida que entramos en el tercer milenio. Dados menos restrictivos y menos costosos, que los actuales, accesos a la televisión para los líderes políticos–lo cual puede ser alcanzado simplemente ordenando legislativamente el acceso público de las ondas aéreas para importantes propósitos públicos- una amplia diversidad de mensajes puede ser rápidamente transmitida para alcanzar virtualmente a todo el electorado en un muy corto período de tiempo. La población puede responder casi instantáneamente, si es necesario, mediante la incorporación de tecnología de Internet, simplemente teléfonos de teclas de tono o de "tarjetas inteligentes" en nuestros sistemas de registro de votantes y en el de recolección de votos. Ciertamente, la integridad y seguridad de los votos individuales puede protegerse fácilmente, tal como se hace millones de veces al día con las transacciones con tarjetas de crédito.

Lo tenemos a nuestro alcance, por primera vez en la historia de la humanidad, literalmente gobernarnos a nosotros mismos.

Es una emocionante posibilidad para la humanidad, y un reto al pensamiento convencional, un reto que nosotros como americanos debemos aceptar.

Mediante la adaptación de la estructura de nuestro sistema gubernamental a una realidad evolucionada cultural y políticamente, las relativamente simples reformas Constitucionales previstas aquí tendrían estos beneficios:

- Permitir que una mucha mayor diversidad de voces sean escuchadas en nuestro discurso público nacional, reflejando la diversidad de nuestro pueblo que es la fuente clave de la grandeza de nuestra nación.

- Fomentar el desarrollo y participación de un mayor número de partidos en nuestro sistema político, sin comprometer la capacidad de nuestro gobierno de desarrollar un consenso operacional y alcanzar decisiones ejecutivas rápidamente.

- Fomentar grandemente la participación ciudadana en la vida política de nuestra nación, a través de su involucramiento en partidos que genuinamente representen sus intereses y preocupaciones particulares, y a través de su participación directa en la toma de decisiones de importantes cuestiones nacionales.

- Restablecer la relevancia, funcionalidad e integridad de la Presidencia como nuestra rama ejecutiva de gobierno, y a la vez rescatar para el pueblo la más altamente simbólica de nuestras instituciones nacionales, alejándola de las garras de ego-maníacos políticos, encuestadores, cínicos, maestros de la manipulación, y otros de su muy familiar calaña.

Si nosotros como pueblo tenemos o no la voluntad de hacer los cambios que necesitamos, únicamente nosotros como pueblo lo podemos decidir.

Phil Rourk
Agosto de 2000

Phil Rourk es un economista y consultor internacional basado en el área metropolitana de Washington D.C.

Notas Históricas:

Un Concejo Ejecutivo de Tres fue propuesto y fuertemente defendido como una alternativa a un único "Presidente" por varios de los delegados (Benjamin Franklin, Edmund Randolph y George Mason, entre otros) en la Convención Constitucional sostenida en Filadelfia en 1787. La propuesta fue al final derrotada, pero únicamente por una votación de 7 a 4. Randolph y Mason tenían sentimientos tan fuertes sobre los peligros de una excesiva concentración de poder en un único Presidente que al final rehusaron del todo firmar la Constitución, a pesar de ocupar posiciones de liderazgo en sus delegaciones y de haber contribuido grandemente a las deliberaciones de la Convención.

En 1878, después de las fallidas presidencias de Andrew Johnson y Ulysses S. Grant y el ampliamente percibido como fraude en la elección de 1876 de Rutherford B. Hayes (quien perdió el voto popular ante el Demócrata Samuel Tilden pero fue capaz de "maniobrar" para obtener una mayoría de uno en el Colegio Electoral), una propuesta para enmendar la Constitución y reemplazar la figura del Presidente con un Concejo Ejecutivo de tres hombres fue presentada en el Congreso de los Estados Unidos, aunque por supuesto no fue aprobada en aquella oportunidad.

Mientras que el ímpetu detrás de un Concejo Ejecutivo en los Estados Unidos fue históricamente basado principalmente en la desconfianza de una concentración excesiva de poder en un hombre y los abusos a los que esto podría conducir, los suizos —en sus esfuerzos por construir una nación democrática fuerte en una multilingüe (alemán, francés, italiano, y romanche), multiétnica y multi-religiosa colección de grupos locales- enfrentaron directamente la cuestión de incorporar y beneficiarse de la diversidad en la estructura de su rama ejecutiva. La Constitución Suiza de 1848, en general muy influenciada por la Constitución Americana, muy consecuentemente previó un

Concejo Federal compuesto de siete miembros, sirviendo por un período de cuatro años durante el cual la en gran medida ceremonial "Presidencia" del Concejo rota anualmente entre los miembros. Lo incluyente del Concejo Federal Suizo, actualmente compuesto de miembros afiliados de cuatro diferentes partidos políticos, ha sido un importante factor contribuyente a la consolidación de una sociedad libre, democrática, próspera, estable y humana que nutre y protege la diversidad de su herencia y cultura.

AGENDA PARA LA REFORMA CONSTITUCIONAL AMERICANA

Phillip W. Rourk

Agosto de 2000[27]

I. Extractos de la Constitución Actual

PREÁMBULO

Nosotros el Pueblo de los Estados Unidos, con el propósito de formar una Unión más perfecta, establecer la Justicia, asegurar la Tranquilidad doméstica, prever la defensa común, promover el Bienestar general, y asegurar las Bendiciones de la Libertad para nosotros mismos y nuestra Posteridad, decretamos y sancionamos esta Constitución para los Estados Unidos de América.

ARTÍCULO V.

ENMIENDAS A LA CONSTITUCIÓN

El Congreso, siempre que dos terceras partes de ambas Cámaras lo juzguen necesario, propondrá Enmiendas a esta Constitución, o, a Solicitud de dos tercios de las Legislaturas de los Estados, convocará a una Convención con el objeto de proponer Enmiendas, las cuales, en cualquier caso, serán válidas para todos los fines y Propósitos, como parte de esta Constitución, una vez que sean ratificadas por las Legislaturas de tres cuartas partes de los Estados, o por

---

[27] Corregida el 4 de Octubre de 2007 para eliminar un elemento de educación en el sistema de votación ponderado propuesto.

Convenciones en tres cuartas partes de los mismos, dependiendo de la Forma de Ratificación que el Congreso pueda haber propuesto.

Con la condición de que ninguna Enmienda que pueda hacerse previamente al año mil ochocientos ocho afecte de Manera alguna la primera y cuarta Cláusulas en la Novena Sección de el Primer Artículo, y de que ningún Estado, sin su Consentimiento, sea privado de su Sufragio igualitario en el Senado.

II.   Propuestas de Enmiendas a la Constitución Actual

EN LA RAMA LEGISLATIVA

1. Establecer un límite a los Mandatos para los miembros de ambas Cámaras del Congreso, de hasta cuatro mandatos de dos años para los miembros de la Cámara de Representantes y hasta dos mandatos de seis años para los Senadores.

EN LA RAMA EJECUTIVA

1. Reemplazar la figura del Presidente único con un Concejo Ejecutivo o Presidencial, compuesto de el menor número impar de candidatos para que los Miembros a cargo del Concejo Ejecutivo entre todos, representen al menos dos terceras partes de los ciudadanos de los Estados Unidos elegibles para votar a la fecha en que tiene lugar la elección.

2. Establecer que cada Miembro del Concejo Ejecutivo tendrá un voto en las decisiones del Concejo que estará ponderado en proporción a su participación en el total del voto popular. Las decisiones del Concejo serán tomadas por mayoría simple.

3. Siempre que una mayoría no pueda ser establecida en la votación de cualquier asunto ante el Concejo, cualquier Miembro puede requerir que la cuestión sea decidida por el Pueblo mediante un Referéndum popular a llevarse a cabo dentro de un período de no más de 30 días. Para tener efecto vinculante sobre el Concejo, el resultado del Referéndum debe ser determinado por una mayoría de votos de al menos dos tercios del electorado.

4. Si el resultado de un Referéndum Popular es dudoso por la falta de una mayoría o por deficiencia en la extensión de la participación de votantes, el Concejo Ejecutivo estará obligado, dentro de un período de no más de treinta días, a convocar una Elección General para elegir a los nuevos miembros del Concejo Ejecutivo. Los Miembros a cargo del Concejo pueden postularse para la reelección, hasta un máximo de tres mandatos sucesivos. Los antiguos Miembros del Concejo pueden volverse otra vez elegibles para la elección después de un mínimo de un mandato completo fuera del cargo.

5. Exceptuando los mandatos durante los cuales se hayan realizado elecciones extraordinarias intermedias, el período normal de los mandatos de los Miembros del Concejo Ejecutivo será de tres años.

6. Cualquier ciudadano de los Estados Unidos que reúna los requisitos que establece la Constitución actual para el Cargo de Presidente puede ser electo para servir en el Concejo Ejecutivo, sin importar el lugar de su nacimiento.

EN EL PROCESO ELECTORAL

1. Todos los Cargos de Elección Popular en las Ramas Ejecutiva, Legislativa y Judicial del Gobierno Federal serán cubiertos por el voto popular directo del electorado residente en la jurisdicción en cuestión o fuera de los

Estados Unidos el Día de las Elecciones. El actual Colegio Electoral queda abolido.

2. El electorado está compuesto por todos los ciudadanos de los Estados Unidos mayores de 18 años el Día de las Elecciones, y que además no estén encarcelados ni hayan sido legalmente declarados incompetentes mentalmente para aquella fecha.

3. Cada votante emitirá un número de votos que estará determinado por la edad del votante (años de experiencia de vida). Id est,

   a. Cada votante tiene derecho a emitir un voto por haber cumplido 18 años.

   b. Cada votante tiene derecho a emitir un voto adicional por cada diez años de vida más allá de la edad de veinte años, hasta un máximo de cinco votos al alcanzar la edad de sesenta años.

4. Todas las emisoras de radio y televisión licenciadas por el Gobierno de los Estados Unidos para utilizar las ondas aéreas públicas serán requeridas a proveer el equivalente a una hora diaria, en total, sin cargo alguno, al conjunto de todos los candidatos calificados para el Cargo Público durante el mes anterior a una Elección. Este tiempo deberá ser puesto a disposición entre los horarios de 7:00 a 10:00 PM en lo días de semana, y de entre 9:00 AM a 10:00 PM los sábados y domingos. Una distribución igualitaria individualizada de este tiempo (treinta horas en los horarios de máxima audiencia durante el mes previo a la elección) entre todos los candidatos calificados será adjudicada y aplicada por el Tribunal Federal de Elecciones.

5. El Congreso creará y proveerá el financiamiento para mantener el funcionamiento de un Tribunal Federal de Elecciones independiente para regular los procesos electorales y para exigir el cumplimiento de las leyes y regulaciones electorales federales.

6. El Tribunal Federal de Elecciones establecerá un sistema electrónico de registro de votantes que proveerá los medios para identificar inequívocamente a cada votante, de registrar para cada votante fecha de nacimiento y estatus educativo, y de permitir que cada votante emita su voto con estricta confiabilidad y seguridad por computadora, teléfono, ATM, o cualquier otro medio electrónico rápido y conveniente.

7. Todos los candidatos para un Cargo Federal Electoral, capaces de demostrar el apoyo de al menos el 5% de los votantes calificados para votar en las elecciones para cubrir aquel cargo, compartirán igualitariamente el acceso a los medios de comunicación, y el acceso a los recursos financieros y a otras formas de apoyo que puedan ser provistas por el Pueblo a través del Gobierno Federal.

EN LA DEUDA FEDERAL

1. Cualquier incremento real en el tamaño de la Deuda Federal de los Estados Unidos sobre el tamaño de su valor al 1 de enero de 2000, únicamente podrá ser autorizado por un voto mayoritario de dos tercios en ambas Cámaras del Congreso.

EN EDUCACIÓN Y SALUD

1. El Gobierno de los Estados Unidos promulgará e implementará las medidas necesarias para asegurarse de que todos los ciudadanos de los Estados Unidos tengan igual oportunidad de educarse al menos hasta el cuarto año de Universidad o de Instituto Vocacional o Técnico, y de que todos los ciudadanos tengan acceso a diagnóstico médico y a servicios de consejería en salud preventiva en una base igualitaria. El Gobierno deberá además asegurarse de que todos los ciudadanos tengan acceso público garantizado a servicios de salud curativos y medicinas hasta un común, costo límite razonable.

Notas Y Apuntes: